IDEEN-Redaktion (Hg.)
Rechtsextreme Jugendliche

IDEEN

Eine Buchreihe, die die aktuellen Gefahren für unsere Demokratie anspricht: die Verdrängung von Geschichte, nationalistische und rechtsextreme Tendenzen, die Diskriminierung und Ausgrenzung von Minderheiten und Fremdenhaß vor dem Hintergrund der deutschen Einigung, der europäischen und globalen Entwicklung.

IDEEN: Es werden nicht nur Standpunkte bezogen, Hintergrundinformationen und Analysen geliefert, sondern auch konkrete Ansätze dargestellt, Lösungswege und Handlungsmöglichkeiten aufgezeigt.

IDEEN für eine menschlichere Gesellschaft: Regeln für ein Einwanderungsland Deutschland und den interkulturellen Umbau der Gesellschaft, den Umgang mit rechtsextremen Jugendlichen, neue Formen der Erinnerungsarbeit und neue Wege in der Auseinandersetzung mit rechtsextremen Vorstellungen und Gruppierungen.

IDEEN: Ein Forum für die Entwicklung einer neuen Konzeption antirassistischer und antifaschistischer Arbeit. Die bisher überwiegende Anti-Haltung soll überwunden werden zugunsten alternativer und konkreter Utopien. Die häufig dominierenden ideologischen Ansätze sollen einer humanen und demokratischen Orientierung weichen.

Nähere Informationen über die Reihe sind kostenlos erhältlich bei: Lamuv Verlag, Postfach 26 05, D-3400 Göttingen.

Rechtsextreme Jugendliche

Mit Beiträgen von Ural Ateser, Sven Brux,
Reinhard Hahn, Josef Held, Judy Korn,
Thomas Krüger, Athanasios Marvakis,
Peter Mücke, Ralf-Erik Posselt, Adelheid Schmitz,
Wilfried Schubarth, Martin Stadelmaier,
Herbert Weber, Anja Weusthoff,
Rainer Zeimentz und L. Zemke

Lamuv Taschenbuch 126

Die Deutsche Bibliothek - CIP-Einheitsaufnahme

Rechtsextreme Jugendliche / hrsg. von der IDEEN-Redaktion. -
Göttingen : Lamuv, 1993
(Lamuv-Taschenbuch ; 126 : IDEEN)
ISBN 3-88977-312-5
NE: GT

**Bitte fordern Sie unser kostenloses Gesamtverzeichnis an:
Lamuv Verlag, Postfach 26 05, D-37016 Göttingen**

1. Auflage, April 1993

Die IDEEN-Redaktion: Ural Ateser, Ozan Ceyhun, Kurt Faller (verantwortlich), Hajo Funke, Ulla Gorges, Reinhard Hahn, Mehdi Jafari-Gorzini, Yilmaz Karahasan, Ralf-Erik Posselt, Martin Stadelmaier, Arif Ünal, Bernd Wagner, Susanne Willems, Bernd Wittich, Rainer Zeimentz

Umschlaggestaltung: Gerhard Steidl
Gesamtherstellung: Steidl, Göttingen
ISBN 3-88977-312-5

Inhalt

Einleitung

Hoyerswerda, Rostock und Mölln kennzeichnen einen Weg der Gewalt, der – von weiten Teilen der Gesellschaft durch rassistisches Denken und aggressives Verhalten Asylbewerbern und Flüchtlingen gegenüber vorbereitet – nun konsequenterweise von Jugendlichen beschritten wird.

Parteien und die sie stützende Öffentlichkeit haben dies mitzuverantworten, denn die Jugend bringt nur das offener und direkter zum Ausdruck, was in der Gesellschaft gedacht wird.

Diesem einseitigen und vorurteilsgeprägten Denken sind Fakten gegenüberzustellen, daß Europa zum Beispiel sehr wohl mitverantwortlich ist für die Flüchtlingsströme – durch Exporte von Waffen, Verweigerung gerechter Rohstoffpreise und somit der Auslösung der Schuldenkrise in der Dritten Welt.

Würde sowohl der Einsatz von Denken und Handeln als auch von Geldern für die Lösung der heutigen Menschheitsprobleme verwandt, brauchte niemand zu hungern, niemand wäre obdachlos und ohne Heimat.

Wir müssen aber auch darüber nachdenken, welchen Zielen die ausländerfeindliche Stimmungsmache dienen soll. Wer ist daran interessiert, daß Deutsche und Menschen anderer Hautfarbe sowie anderer Herkunft gegeneinander aufgehetzt werden? Warum fällt diese Hetze bei so vielen auf fruchtbaren Boden?

Es gilt zu bedenken, daß sich der Trend zu gewalttätigen Aktionen heute noch hauptsächlich in den Köpfen breitmacht, aber in Form von Wahlergebnissen – durch die Unterstützung rechtsstehender Parteien – in bedrohlich reale Nähe rückt.

Vor allem aber ist zu überlegen, was wir gemeinsam tun können, damit ein friedliches Miteinander in dieser Gesellschaft möglich ist. Wie können die Köpfe und Herzen junger Menschen erreicht werden, um sie zu Toleranz und gleichberechtigtem Zusammenleben zu befähigen?

Hierzu will dieser IDEEN-Band verschiedene Ansätze von Strategie- und Handlungsmöglichkeiten aufzeigen.

Rechte Orientierungen

Untersuchungen aus
Ost- und Westdeutschland

Wilfried Schubarth

Trend nach rechts nicht zu stoppen?

Rechtsextremismus in Ostdeutschland

Die Fakten sind eindeutig: Rechtsextremismus, Fremdenfeindlichkeit und Gewalt sind zwar keine neuen Erscheinungen in Ostdeutschland, seit dem Zusammenbruch des alten Systems und der Herstellung der deutschen Einheit haben diese jedoch völlig neue Dimensionen angenommen. Das belegt nicht nur die dramatisch gestiegene Anzahl der Übergriffe auf Ausländer- beziehungsweise Asylbewerberwohnheime, sondern auch die empirisch nachweisbare Zunahme rechtsextremer Orientierungen, insbesondere unter Teilen der Jugendlichen. So verweist eine jüngst vorgestellte Studie der Forschungsstelle für Sozialanalysen Leipzig e.V. auf folgende Entwicklungstendenzen:

- Das Aversionspotential gegenüber Ausländern ist unter ostdeutschen Jugendlichen beträchtlich und hat sich in den letzten ein bis zwei Jahren weiter verstärkt. Insgesamt gibt heute etwa jeder zweite Jugendliche in Sachsen eine ablehnende Haltung gegenüber Ausländern an, wobei sich die Situation in den anderen neuen Bundesländern kaum unterscheiden dürfte. Ebenso viele halten es für erforderlich, die Zahl der Ausländer in Ostdeutschland, die gegenwärtig zirka ein Prozent der Gesamtbevölkerung ausmacht, zu verringern.

Die Einstellung zu Ausländern hängt dabei in starkem Maße von der politischen Orientierung ab: Rechtsorientierte Jugendliche, vor allem extrem rechte, sind meist entschieden gegen Ausländer; linksorientierte haben dagegen überwiegend ein tolerantes Verhältnis zu ihnen. Es darf jedoch nicht übersehen werden, daß Ablehnung und Feindlichkeit gegenüber Ausländern auch bei nicht Rechtsorientierten existieren. Während allerdings bei rechten Jugendlichen in den letzten zwei Jahren eine Negativierung ihrer Haltung gegenüber Ausländern zu beobachten ist, hat sich das Verhältnis zu Ausländern bei Jugendlichen, die sich an der politischen Mitte beziehungsweise links orientieren, eher positiviert.

- Eine Zunahme ist auch bei nationalistischen Orientierungen (vor allem Überlegenheitsgefühle und Großmachtdenken) und bei verharmlosenden Sichtweisen auf die NS-Zeit zu beobachten. So stieg zum Beispiel der Anteil derer, die der Aussage »Die Deutschen waren schon immer die Größten in der Geschichte« zustimmen, bei Lehrlingen von 15 Prozent (1988) über 20 Prozent (1990) auf 30 Prozent (1992) an. Die Auffassung, daß der Nationalsozialismus auch seine guten Seiten hatte, vertreten mittlerweile 37 Prozent der Lehrlinge im Vergleich zu 20 Prozent 1990.
- Wachsender Antisemitismus läßt sich vor allem unter männlichen Jugendlichen nachweisen. So stieg der Anteil der Lehrlinge, die die Auffassung »Die Juden sind Deutschlands Unglück« vertreten, von 19 Prozent (1990) auf 29 Prozent (1992). Jeder sechste Lehrling meint, daß es weit übertreiben ist, was über die Judenvernichtung im »Dritten Reich« erzählt wird.
- Auch Gewaltbereitschaft und Gewaltakzeptanz haben tendenziell zugenommen und besonders unter männlichen Jugendlichen ein beträchtliches Ausmaß erreicht. Jeder dritte männliche Schüler und Lehrling schließt körperliche Gewalt gegenüber Personen nicht aus. Fast ebensoviele sind der Auffassung, daß zur Durchsetzung eigener Interessen manchmal Gewalt nötig ist.

Eine Minderheit von zwei bis vier Prozent der männlichen Schüler und Lehrlinge war bereits an gewalttätigen Aktionen gegen Ausländer beteiligt, weitere 10 bis 15 Prozent wären unter Umständen dazu bereit. Besonders hoch ist die Gewaltbereitschaft in rechtsextremen Gruppierungen wie Skins, Faschos, Hooligans, wobei innerhalb dieser Gruppierungen Radikalisierungsprozesse nachweisbar sind. Der Anteil jugendlicher Mitglieder in den genannten Gruppen beträgt jeweils ein Prozent. Das Sympathiepotential ist jedoch bedeutend größer und liegt zusammengefaßt bei zirka 15 Prozent, bei männlichen Jugendlichen sogar bei etwa 20 Prozent.

- Innerhalb der ostdeutschen Jugend vollziehen sich Differenzierungs- und Polarisierungsprozesse. So deutet sich zum Beispiel eine zunehmende Polarisierung zwischen Linken und Rechten an, welche sich meist heftig ablehnen.

So besorgniserregend die genannten Fakten und Zahlen sind, es ist zu berücksichtigen, daß Rechtsextremismus, Fremdenfeindlichkeit und Gewalt keine spezifisch ostdeutschen, sondern gesamtdeutsche und – darüber hinaus – internationale Phänomene sind. Einseitige Argumentationen im Sinne »Seht an, der wilde Osten!« sind der Suche nach Ursachen abträglich und werden häufig nur deshalb geführt, um parteipolitische Zwecke zu verfolgen und das eigene Versagen auf andere zu projizieren. Deutsch-deutsche Vergleichsuntersuchungen belegen zwar, daß unter Jugendlichen in den neuen Bundesländern die Intoleranz gegenüber Ausländern etwas größer ist; die Unterschiede sind jedoch eher gering.

Trotzdem: Wie sind diese bedenklichen Entwicklungen zu erklären, noch dazu unter einer Bevölkerung, die in einem Staat aufgewachsen ist, der sich als antifaschistisch und demokratisch bezeichnete?

Als Ursachen werden meist die Erblast eines autoritären, faktisch monokulturellen Staates sowie die negativen sozialen, sozialpsychologischen, ökonomischen und politischen Folgen des radikalen gesellschaftlichen Umbruchs angeführt. Zweifellos handelt es sich hierbei um eine Kumulation verschiedener Faktoren – historischer wie aktueller –, wobei die Art und Weise der Vereinigung und die politische Kultur des neuen Deutschlands viel zum Anwachsen des Rechtsextremismus beigetragen hat. Zu Verunsicherung, Zukunftsangst und ähnlichem kommen erneute Erfahrungen von Bevormundung, Arroganz und Ignoranz hinzu. So hat wohl fast jeder Ostdeutsche in Schule, Ausbildung, Beruf oder im persönlichen Umfeld neue Verletzungen, Demütigungen und Ungerechtigkeiten (zum Beispiel bei der Entlassung von Lehrern, Vergabe von Lehrstellen, bei Bewerbungsverfahren, bei Wohnungs- oder Eigentumsfragen) wahrgenommen beziehungsweise erlitten. So muß es nicht verwundern, wenn viele Menschen keine großen Veränderungen im Verhältnis der Regierenden beziehungsweise der Parteien zu den Bürgern im Vergleich zu früher wahrnehmen. Der Verdrossenheit hinsichtlich der SED folgt nun bei vielen die Verdrossenheit in bezug auf die neuen Parteien.

Mit dem neuen politischen System des vereinten Deutschlands ist - wie Untersuchungen belegen - nur eine Minderheit der Jugendlichen (rund 40 Prozent) zufrieden, was auf bestimmte Akzeptanzprobleme der neuen Ordnung hindeutet (vgl. Forschungsstelle Sozialanalysen Leipzig e.V. 1992). Auch das Politikinteresse und das politische Engagement hat nach einem Hoch im Herbst 1989 gegenwärtig einen neuen Tiefpunkt erreicht. Bereits an der ersten gesamtdeutschen Bundestagswahl beteiligte sich nur gut die Hälfte der jungen Ostdeutschen.

So darf es nicht überraschen, wenn immer mehr Jugendliche, die sich Gehör verschaffen wollen, aber keinen Ansprechpartner haben, zu radikalen Mitteln und Methoden greifen. »Muß ich erst radikal werden?« - so die provozierende Frage eines Jugendlichen am »Runden Tisch gegen Gewalt«. Selbst Jugendfunktionäre der Parteien räumen ein, daß sie die Jugendlichen seit der Wende irgendwo »verloren« hätten. Konkrete Konzepte und Programme für Jugendliche sind Mangelware beziehungsweise im Alltag wenig spürbar. Vielmehr erleben junge Leute, wie ihre Freiräume und Freizeitmöglichkeiten eingeengt oder dem Kommerz geopfert werden. Von den Politikern derart alleingelassen, kommen bei einem Teil der Jugendlichen Wut, Frustration und Neidgefühle auf, die unter anderem in der Forderung münden, daß sich der Staat weniger um die Ausländer, sondern in erster Linie um die Deutschen kümmern sollte.

Die zunehmende Distanz und Entfremdung gegenüber der Politik, die Kluft zwischen den etablierten Parteien und den Bürgern, ist somit eines der zentralen Ursachenfelder für die anwachsenden radikalen Stimmungen, vor allem unter der Jugend.

Zugleich muß festgestellt werden, daß der politische Diskurs, der in der Öffentlichkeit und in den Medien zum Beispiel zur Asylproblematik geführt wurde, mit dazu beigetragen hat, ausländerfeindlichen Stimmungen Vorschub zu leisten. Dies um so mehr, da die Medien in den neuen Bundesländern aufgrund des bisher fehlenden Meinungspluralismus eine besondere Macht darstellen. Zudem werden mitunter ausländerfeindliche Äußerungen als Ausdruck der neugewonnenen Meinungsfreiheit verstanden. Wenn die Boulevard-Zeitungen die Stimmung gegen Asylbewerber anheizen und das Klima zwischen Deutschen und Ausländern mit vergiften, wird die Hemmschwelle gegenüber gewalttätigen Handlungen herabgesetzt. Rechtsradikale Jugendliche können sich dann schnell als Vollstrecker der Volksmeinung fühlen.

Analysen von Argumentationsmustern Jugendlicher, die fremdenfeindliche Positionen vertreten, haben ergeben, daß die ablehnende Haltung gegenüber Ausländern bei Jugendlichen weniger das Ergebnis eigener Auseinandersetzung mit dieser Thematik ist, sondern vielmehr die entsprechenden Argumentationen der Politiker und Medien einfach reproduziert werden. Die Verantwortung der Politiker und der Medien für eine Atmosphäre der Toleranz zwischen Deutschen und Ausländern ist deshalb enorm.

Dies gilt auch in Hinblick auf den Umgang mit der DDR-Geschichte. Ihre undifferenzierte Darstellung, zum Teil sogar Dämonisierung und die gelegentlich praktizierte Gleichsetzung von Nationalsozialismus und Realsozialismus haben zweifellos zu Tendenzen einer Relativierung und Verharmlosung der NS-Zeit beigetragen.

Welche Barrieren und Gegenkräfte gibt es in Ostdeutschland, um den Trend nach rechts aufzuhalten?

Die Entwicklung des Rechtsextremismus seit der deutschen Vereinigung zeigt, wie stark das Verhalten gegenüber Ausländern von der politischen Kultur und der öffentlichen Meinung in der Gesellschaft abhängt. Barrieren gegen Rechtsextremismus und Fremdenfeindlichkeit werden deshalb vor allem dann errichtet, wenn in der Gesellschaft anstelle von Stimmungsmache und Schüren von Vorurteilen Toleranz und Solidarität gegenüber Ausländern treten.

Als Barrieren erweisen sich weiterhin alle Maßnahmen, die potentielle Ursachen für Rechtsextremismus beseitigen beziehungsweise zurückdrängen und gegenläufige Prozesse einleiten. Dazu gehört die Ungleichbehandlung beziehungsweise Benachteiligung Ostdeutscher aufzuheben, ihnen das Selbstwertgefühl nicht zu nehmen, sondern es zu stärken, ihnen größere politische Partizipationsmöglichkeiten einzuräumen (dies gilt insbesondere für Jugendliche), das Leben in der früheren DDR nicht einseitig darzustellen, ein Anwachsen der Kluft zwischen Wendeverlierern und -gewinnern zu vermeiden, die Schattenseiten der Marktwirtschaft sozial verträglich abzufedern, die Verbreitung/Vermarktung faschistoiden Gedankengutes zu verhindern, rechtsextremistisch beziehungsweise rassistisch motivierte Verhaltensweisen zu ahnden, antifaschistische Aktivitäten zu unterstützen und so weiter. Letztlich geht es auch darum, das Bewußtsein für Prozesse der Diskriminierung und Ausgrenzung zu schärfen und den demokratischen Diskurs in einer multikulturellen Gesellschaft zu fundieren und zu praktizieren.

Literaturhinweise

Forschungsstelle Sozialanalysen Leipzig e.V.: Ostdeutsche Jugend 1992. Presseinformation Juni 1992.

Karl-Heinz Heinemann/Wilfried Schubarth: Der antifaschistische Staat entläßt seine Kinder. Jugend und Rechtsextremismus in Ostdeutschland. Köln: PapyRossa 1992.

Landeszentrale für politische Bildung des Landes Brandenburg/Institut für Familien- und Kindheitsforschung Universität Potsdam: »Jugendszene und Jugendgewalt im Land Brandenburg«, Februar 1992 (1644 Schüler und Auszubildende)

57,7 Prozent lehnen die Skinheads ab beziehungsweise bezeichnen sich als Gegner dieser Gruppierungen (37 Prozent und 15,7 Prozent). 53 Prozent der Jugendlichen machen die gleichen Angaben bezogen auf die Gruppe der Hooligans (39,5 Prozent und 13,5 Prozent).

19,4 Prozent gaben an, Sympathien für die Gruppe der rechten Skinheads zu hegen. 19,7 Prozent bestätigen Sympathien für die Gruppe der Hooligans. Am stärksten fühlen sich die Auszubildenden mit 23 Prozent angesprochen.

»Man muß in Deutschland wieder Ordnung und Sicherheit schaffen«, rund 86 Prozent der Jugendlichen halten diese Aussage für zutreffend.

Die Einstellung der Jugendlichen zu Ausländern ist deutlich negativ geprägt. So befürworten zirka 42 Prozent den Satz »Deutschland den Deutschen – Ausländer raus«. Zirka 29 Prozent halten die Aussage »Die Ausländer muß man aufklatschen und raushauen« für zutreffend. Der höchste Zustimmungsanteil liegt hier bei den Auszubildenden mit 50,2 Prozent beziehungsweise 30,9 Prozent.

Begründet werden diese negativen Einstellungen gegenüber Ausländern unter anderem mit der unerwünschten Konkurrenz am Arbeitsplatz und einer Kriminalisierung der Ausländer. 38,3 Prozent geben den Ausländern die Schuld an der Arbeitslosigkeit, und 33,7 Prozent halten die meisten Ausländer für Kriminelle.

Institut für empirische Psychologie »IBM-Jugendstudie 92«, September 1992 (2016 Befragte)

In den letzten Jahren hat das Problembewußtsein für die wachsende Ausländerfeindlichkeit in Deutschland bei den Jugendlichen immer mehr zugenommen. Während 1986 nur 38 Prozent der Jugendlichen Ausländerfeindlichkeit als großes gesellschaftliches Problem einstuften, sind es 1992 bereits 69 Prozent der Jugendlichen. Insbesondere für die Ost-Jugendlichen haben die Themen »Ausländerfeindlichkeit« und »Rechtsradikalismus« stark an gesellschaftlicher Brisanz gewonnen.

- 70 Prozent der Jugendlichen im Westen und 78 Prozent der Jugendlichen im Osten wollen eine Grundgesetzänderung beim Asylrecht, um den Mißbrauch zu verhindern.
- 50 Prozent (West) und 62 Prozent (Ost) sind der Meinung, daß es genug Ausländer in Deutschland gibt und keine weiteren mehr hinzukommen dürfen.
- Wiederum 50 Prozent der Jugendlichen in den neuen Bundesländern, aber »nur« 30 Prozent im Westen meinen, möglichst viele ausländische Arbeitnehmer aus Nicht-EG-Ländern sollten in ihre Heimat zurückkehren und Wohnungen und Arbeitsplätze für Deutsche frei machen.
- Nur jeweils ein Drittel der Jugendlichen (West: 35 Prozent, Ost: 28 Prozent) glauben, daß wir uns daran gewöhnen müssen, daß Deutschland ein Einwanderungsland ist.
- 22 Prozent der Jugendlichen (Ost und West) sind ohne Einschränkung »stolz darauf, ein Deutscher zu sein«, und 35 Prozent sind zumindest »ein bißchen stolz darauf, Deutsche zu sein«.

Josef Held/Athanasios Marvakis

Rechtsradikale Orientierungen nur bei jugendlichen Underdogs?

Die empirischen Forschungen

Seit Mitte der achtziger Jahre führen wir als Tübinger Jugendforschungsgruppe regionale Repräsentativerhebungen und qualitative Studien überwiegend bei jugendlichen ArbeitnehmerInnen beziehungsweise Auszubildenden durch. Dabei setzen wir sozusagen im Vorfeld an und beschäftigen uns mit den nicht nur bei Jugendlichen nach unserer Meinung weit verbreiteten Orientierungsmustern, die im politischen Spektrum rechts verortet werden.

Schon die erste regionale Repräsentativerhebung »Jugend '88«, insbesondere zum Freizeitverhalten, ergab ein problematisches Bild von den Orientierungs- und Bewältigungsformen der untersuchten Jugendlichen. Der kommerzielle Freizeitbereich wurde gegenüber dem nicht-kommerziellen Bereich der Jugendarbeit bevorzugt. Die geringste Attraktivität von allen Angeboten für Jugendliche hatten Veranstaltungen von Parteien und Gewerkschaften. Über 90 Prozent der jugendlichen Arbeitnehmer gaben an, »nie« zu Parteiveranstaltungen zu gehen, und fast 90 Prozent, daß sie in ihrer Freizeit »nie« zu Gewerkschaftsveranstaltungen gehen.

Der Auswertung lag eine regional repräsentative Stichprobe von über 500 jugendlichen ArbeitnehmerInnen zugrunde, mit dem Altersschwerpunkt bei den 18- bis 21jährigen Azubis im verarbeitenden Gewerbe.

Den Jugendlichen wurden auch Fragen zu politischen Orientierungen gestellt. Als erstes legten wir ihnen vier Aufkleber vor mit der Frage »Welchen Aufkleber würdest du am ehesten auf deinem Auto oder an deiner Jacke befestigen?« Die Auswahl ging von »Garfield« über »Nie wieder Faschismus« und »Ich bin stolz ein Deutscher zu sein« bis zur bekannten »Friedenstaube«. Abgebildet waren die jeweiligen Embleme. Vor fünf Jahren wählten 17 Prozent der männlichen Jugendlichen den Aufkleber »Ich bin stolz ein Deutscher zu sein« und nur 15 Prozent die »Friedenstaube«. Der Spitzenreiter war erwartungsgemäß »Garfield« mit 62 Prozent und das Schlußlicht »Nie wieder Faschismus« mit sechs Prozent.

Einen wichtigen Teil bildeten Fragen zum Thema »Ausländer«. Die dabei erzielten »rechtslastigen« Ergebnisse machten vor allem deshalb nachdenklich, weil sich die gewerkschaftlich organisierten Jugendlichen nicht signifikant anders äußerten als die nicht gewerkschaftlich Orientierten. Hierzu gehören auch die Ergebnisse aus unserer neuen Voruntersuchung, die in eine ähnliche Richtung weisen.

Die Forschungsgruppe fand zudem heraus, daß die Jugendlichen recht unzugänglich für politische Bildung schienen. Es wurde unterschieden zwischen »Cliquenjugendlichen«, die sich von organisierter Bildung fernhielten, und den »individualisierten Jugendlichen«, die vor allem auf ihre Qualifikation orientiert waren und von daher unzugänglich für zusätzliche Bildungsangebote schienen.

Inzwischen hatte sich zwar die Jugendarbeitslosigkeit in unserer Region verringert, die soziale Spaltung (Segmentierung) unter den jugendlichen ArbeitnehmerInnen aber verstärkt. Ein Teil der Jugendlichen hatte zunehmend bessere Zukunftsperspektiven, ein anderer Teil dagegen bekam durch den zunehmenden Qualifizierungsdruck mehr Schwierigkeiten. Auch die Gewerkschaften verfolgten die soziale Segmentierung, den Weg in die »Zwei-Drittel-Gesellschaft«, mit großer Sorge, und sie befürchteten eine politische Radikalisierung der Jugendlichen des unteren Drittels, das heißt derer, die am sozialen Rand stehen. Sie folgten und folgen damit einer überaus verbreiteten Sichtweise.

In einer weiteren Umfrage »Jugend '90« sollte deshalb festgestellt werden, ob Jugendliche, die auf Grund ihrer sozialen Voraussetzungen eher am sozialen Rand stehen und somit als »benachteiligt« gelten können, eher zu rechtsorientierten Meinungen neigen als Jugendliche, die eine perspektivenreiche Ausbildung relativ problemlos durchführten.

Es wurden über 300 jugendliche ArbeitnehmerInnen in der Region Tübingen/Reutlingen befragt, von denen etwas mehr als die Hälfte zur Gruppe der »benachteiligten« Jugendlichen gehörten, die trotz erschwerter Bedingungen eine Ausbildung anstreben, dies vor allem beim Internationalen Bund für Sozialarbeit. Die andere Hälfte der Befragten waren »nicht-benachteiligte« Jugendliche aus prosperierenden, mit moderner Technologie ausgestatteten Betrieben, deren Ausbildung und spätere Übernahme gesichert schien.

Es wurde nun die verbreitete Hypothese untersucht, nach der die benachteiligten Jugendlichen am sozialen Rand anfälliger seien für rechte Orientierungen als die nicht-benachteiligten.

Zur allgemeinen Überraschung ließ sich so etwas allerdings nicht bestätigen! Entgegen den Erwartungen zeigte sich, daß signifikant *mehr* Jugendliche der nicht-benachteiligten NB-Gruppe das Wahlergebnis der »Republikaner« bei den Kommunalwahlen in Baden-Württemberg »prima« (27 Prozent) fanden als die benachteiligten Jugendlichen (11 Prozent). Ebenfalls gegen die Hypothese sprach, daß zwar 60 Prozent der Jugendlichen der NB-Gruppe der Meinung waren, von den Asylbewerbern wollen »die meisten nur von unserem Wohlstand leben«, aber »nur« 31 Prozent der Benachteiligten diese Meinung vertraten.

Zum Thema »Ausländer« wurden die Fragen positiv formuliert, um nicht selbst noch zur Diskriminierung beizutragen. Bezeichnend ist, daß 50 Prozent der benachteiligten Jugendlichen der Aussage »Ausländer rein« zustimmten, während dies nur 18 Prozent der NB-Gruppe taten. Ähnlich verhält es sich mit der Frage zum Ausländerwahlrecht und zu gleichem Arbeitsrecht für Ausländer.

Die Ergebnisse widersprechen also insgesamt der vorherrschenden Annahme, daß Jugendliche, die in einer besonders ungesicherten Situation sind, deren »ökonomisch soziale Alltagserfahrungen« vor allem durch »Ohnmacht, Handlungsunsicherheit, Vereinzelung« (Heitmeyer in Paul, G. 1989, S. 101) geprägt sind, stärker für politisch rechte Orientierungen anfällig sein sollen als Jugendliche in gesicherter Position.

Die Ergebnisse der Untersuchung weisen also darauf hin, daß die Erklärungen für rechte Orientierungsmuster von Jugendlichen, wie sie vor allem von der Bielefelder Forschungsgruppe um Heitmeyer vertreten wurden, neu überdacht werden müssen.

Erklärungsansätze

Bei den anschließenden Erklärungsversuchen differenzierten wir nach Jugendlichen »am sozialen Rand« und Jugendlichen in modernen Ausbildungsbetrieben, das heißt nach »Modernisierungsverlierern« und »Modernisierungsgewinnern«.

● Zu den Jugendlichen in schwieriger Lebenslage: Dieser Teil der Jugendlichen scheint seine rechten Orientierungen primär mit eigenen unmittelbaren Alltagserfahrungen und Befürchtungen zu begründen. Vor allem in schwieriger sozialer Lebenslage, die durch Verunsicherung bestimmt ist, wie das unter anderem für unsere Gruppe der benachteiligten Jugendlichen charakteristisch ist, scheinen die eigenen sozialen Erfahrungen häufig *sehr unmittelbar* zu politischen Orientierungen gewendet zu werden.

Wenn also zum Beispiel keine Wohnung gefunden wird, ein Arbeitsplatz verloren geht, so kann es für Jugendliche in schwieriger Lage naheliegen, Arbeitsmigranten unmittelbar verantwortlich zu machen. Der (unreflektierte) Augenschein scheint diesen Jugendlichen in bestimmten Fällen Recht zu geben und entsprechende Deutungsangebote etwa der Massenmedien zu bestätigen. Sie können in dieser Situation subjektiv funktional für die Erklärung der eigenen Misere werden.

Ein Beispiel für eine solche »kurzschlüssige« Erklärung aus einer Gruppendiskussion mit »benachteiligten« Jugendlichen.
Heike: »*... Wenn jetzt einer von uns zum Beispiel 'ne Wohnung sucht, dann heißt es, jetzt kommen halt als erstes mal die Aussiedler rein und dann die Asylanten. Und dadurch entsteht dann auch der Haß, wenn ich seh', daß die vor mir 'ne Wohnung kriegen. Wo ist da die Gerechtigkeit? ... Wenn zu mir 'ne Freundin kommt und sagt, ja, ich hätt' schier gar 'ne Wohnung bekommen, aber jetzt hat ein Asylant die Wohnung bekommen. ... So wird das dann*

rumerzählt ... und dadurch verbreitet sich auch der Haß, würde ich sagen.«

Heike stellt in diesem Abschnitt einen Bezug zu ihrer Lebenssituation her, indem sie eine Befürchtung formuliert. Eine negative Erfahrung ist nicht etwa vorausgegangen und wird dann zu sehr verallgemeinert. Vielmehr befürchtet Heike, daß auch sie vielleicht zu kurz kommen könnte, und schließt daran auch Vermutungen an, daß und wie sich der »Haß« verbreiten wird.

● Zu den Jugendlichen in relativ gesicherter Lebenslage: Im folgenden soll skizziert werden, wie Jugendliche in relativ gesicherter Lebenssituation mit gesicherten Arbeits- und Ausbildungsplätzen, guten Wohnbedingungen und relativ hohem Konsumniveau dazu kommen, rechte Orientierungen zu übernehmen.

Diese Erklärungsskizze wollen wir zur Diskussion stellen, um daran weiterdenken zu können.

Unsere Überlegungen konzentrieren sich dabei auf die These, daß es eine *Basis für Rechtsorientierungen gibt, die ihren Ausgangspunkt in den dominierenden industriellen Zentren hat und die die »Gewinner« der gesellschaftlichen Modernisierung besonders betrifft.*

Wir versuchen in unseren Erklärungsversuchen gesellschaftliche Prozesse und subjektive Verarbeitungsformen ins Verhältnis zueinander zu setzen. Was hat sich in den letzten Jahren gesellschaftlich verändert, und wie verändern sich parallel dazu die politischen Orientierungen?

- *Ausdehnung und Effektivierung kapitalistischer Marktwirtschaft – auf seiten der Jugendlichen. Identifikation mit dem »überlegenen« System:* Gerade für die Jugendlichen aus den prosperierenden Betrieben liegt es nahe, sich mit dem »überlegenen« System zu identifizieren. Die Identifikation mit den Mächtigen dient psychologisch hier der Selbstaufwertung. Einen solchen Mechanismus hat schon Adorno in den fünfziger Jahren beschrieben. In den damaligen gesellschaftlichen Verhältnissen war die Identifikation aber eher noch auf personale Autoritäten fixiert. Politik und Wirtschaft haben sich inzwischen soweit anonymisiert, daß die führenden Persönlichkeiten kaum mehr als Ziel für Identifikation oder auch Aggression in Frage kommen.

- *Tendenzielle Aufhebung der Ausgrenzung von Jugend – Integration in die Institutionen:* In den siebziger und Anfang der achtziger Jahre sahen sich gewichtige Teile der Jugend auf Grund von Arbeitslosigkeit und anderer (kultureller) Prozesse eher aus der Gesellschaft ausgegrenzt und versuchten zum Teil ihr eigenes (kulturelles) Leben in Abgrenzung von der Erwachsenenkultur zu entwickeln. Der »Aussteiger« war eine »Leitfigur«. »Aussteigen« bedeutete, sich zu verweigern, Träger herrschender Verhältnisse zu sein. Gerade diese Ahnung - wie diffus im einzelnen auch immer - eines Zusammenhangs zwischen der eigenen gesellschaftlichen Ausgrenzung und den herrschenden Verhältnissen legte es nahe, Bündnispartner zu suchen, sich mit anderen Ausgegrenzten zu identifizieren.
  Heute dagegen ist eher der »Einsteiger« charakteristisch. Die Identifikation mit dem vorherrschenden Arbeitssystem und dem kommerziellen Freizeitsystem geschieht über die angestrengte Beteiligung und den hohen Einsatz in der Arbeit.
- *Konservative Hegemonie – Identifikation mit der vorherrschenden Lebensweise:* Eine Identifikation mit der vorherrschenden Lebensweise, die auch selbstätige Unterstellung unter die »kulturelle Hegemonie« (Gramsci) ist, vermeidet die Auseinandersetzung und mögliche Verunsicherung durch alles, was sie eventuell in Frage stellen könnte. Die Haltung zum Beispiel zu Einwanderern und Flüchtlingen ist in diesem Falle solange von Gleichgültigkeit geprägt, wie man die eigene Lebensweise nicht angegriffen sieht. Eine solche Identifikation mit der herrschenden Lebensweise ist unserer Meinung nach ein Kern politisch rechter Orientierungen.
  Die feministische Sozialforscherin Birgit Rommelspacher versucht diesen Zusammenhang mit dem Begriff der »Dominanzkultur« zu fassen. Sie versteht darunter für die bundesdeutsche Wirklichkeit gleichsam eine Lebensweise des materiellen Überflusses in einer »Wohlstandsgesellschaft«. Rassismus, Ab- und Ausgrenzung gegenüber Flüchtlingen und Einwanderern wurzeln ihrer Auffasung nach in einer

»Absicherung von bereits vorhandenen Privilegien« und in einer »befürchteten Behinderung der Bereicherung« (vgl. B. Rommelpacher 1992, in: Foitzik u. a.).

- *Wirtschaftliche Leistungsfähigkeit – Identifikation mit »deutschen« Wirtschaftsinteressen:* Insgesamt breitet sich derzeit in unserer Gesellschaft eine Überheblichkeit aus, etwa nach dem Motto »Wir sind die besten, und es ist unser Verdienst«. Das scheinbar perfekte Funktionieren und die Perfektheit der Produkte werden leicht Grundlage für ein neues Sendungsbewußtsein.
  Zum anderen kann aber auch zusätzlich zur Identifikation mit der funktionierenden Marktwirtschaft eine Identifikation mit den deutschen Wirtschaftsinteressen auftreten. Hier ist also nicht mehr Marktwirtschaft schlechthin gemeint, sondern die deutsche Marktwirtschaft als besonderer Ausdruck von Leistungsfähigkeit und Fleiß. Eine Folge ist in diesem Fall ein *»Wohlstandschauvinismus«,* der sich nur an den »deutschen Interessen« orientiert und auf andere Länder herabsehen zu können glaubt.
- *Industrielle Rationalität – instrumentelles Nutzendenken:* Die Effektivität kapitalistischer Marktwirtschaft ist auch von der Durchsetzung eines bestimmten Typus von Denken und Handeln abhängig. Die allgemeine Instrumentalisierung der Menschen unter Verwertungsgesichtspunkten ist eine Grundlage unseres ökonomischen Systems. Daraus folgen auch Fragen wie »Was nützt mir der Flüchtling?«, »Was bringen uns die Gastarbeiter?« und andere. Der Bäcker-Lehrling Mike bringt es so auf den Punkt: *»Mein normales Denken sagt mir: Kamerad, du mußt so handeln, daß du Gewinn machst, gell, aber unsere Regierung, die handelt so, daß wir Verlust machen, so ein Typ bringt uns nichts ... der kostet uns ja bloß ... bringen tut er uns ja nichts.«*

Hinweise aus neueren Untersuchungen

Inzwischen führten wir im Rahmen unseres Projekts »Internationales Lernen« weitere vorbereitende Untersuchungen durch. Den Schwerpunkt legten wir nun auf »nationalistische«

gegenüber »internationalen« Orientierungen. Unser Ziel war und ist eine differenziertere Erfassung der politischen Orientierungen.

Den Nationalismus, den wir inzwischen für die deutschen Verhältnisse als zentrale Komponente ansehen, konnten wir in acht Dimensionen unterscheiden. Gerade bei nationalistischer Orientierung ist man dazu aufgefordert, sich zu überlegen, was eigentlich dazu real die politische Alternative ist. Das läßt sich in Deutschland (und wohl nicht nur hier) derzeit nicht so einfach bestimmen. Wir stellten bei unserer Suche auf alle Fälle fest, wie schwer es heute fällt, die Alternative deutlich herauszuarbeiten und sie dem Nationalismus in »attraktiver« Form, zum Beispiel in einem Fragebogen, gegenüberzustellen. Wir nannten diese Dimensionen »internationale Orientierungen«.

In den Antworten der Jugendlichen fanden wir einzelne unserer Dimensionen wieder. Es kann zum Beispiel unterschieden werden zwischen einer »expansiv-nationalistischen« Orientierung und einer »abgrenzend- beziehungsweise ausgrenzend-nationalistischen« Orientierung. Beide scheinen kaum miteinander zusammenzuhängen. Den breitesten Raum nimmt dabei die abgrenzende beziehungsweise ausgrenzende nationalistische Orientierung ein, sie scheint der dominierende Faktor zu sein, klärt zumindest den größten Teil der Varianz auf. Darüber hinaus bilden Items aus unseren Dimensionen 3. bis 7. einen eigenen Faktor, der scheinbar Aussagen um den Begriff »deutsch« bündelt. Alles, was »deutsch« auszeichnet, wird »empfohlen« und soll auch verteidigt werden. Als Beispiel soll hier das Item mit der höchsten Ladung auf diesem Faktor dienen: *»Unterentwickelte Länder sollten sich am deutschen Fleiß und der deutschen Wertarbeit ein Beispiel nehmen!«* Interessant ist hierbei auch, daß ein Item, das Bezug zur nationalsozialistischen Vergangenheit herstellt *(»Hitler hat für Arbeitsplätze gesorgt, und es herrschte Recht und Ordnung!«),* auf allen drei Faktoren lädt, das heißt eine enge Beziehung zu allen drei Komponenten des Nationalsozialismus aufweist.

Auch auf der Seite der »internationalen Orientierung« konnten unsere acht Dimensionen so nicht in den realen Ergebnissen wiedergefunden werden. Die Jugendlichen strukturieren das offenbar anders. Vorläufig lassen sich hier Faktoren wie »Achtung und Interesse gegenüber Problemen und Kultur von Migranten und Flüchtlingen«, »internationale soziale Verantwortung« und »Verpflichtung aus dem Faschismus heraus« unterscheiden.

Unser Hauptinteresse im Projekt gilt dem Zusammenhang von Lebenssituationen und politischer Orientierung bei Jugendlichen in verschiedenen Lebenslagen und in verschiedenen Ländern. Nach der vorherrschenden Auffassung werden in Jugendforschung und Jugendarbeit persönliche Erfahrungen, zum Beispiel eine problematische Lebenssituation und mangelnde positive Perspektiven, als eine wesentliche Voraussetzung für rechte Orientierungen angesehen. Als pädagogische Strategie gegen Rechtsextremismus wird dann empfohlen, an der unmittelbaren sozialen Lebenswelt anzusetzen.

Anhand unserer vorläufigen Daten verglichen wir die mit ihrer Lebenssituation eher Unzufriedenen mit den eher Zufriedenen und stellten fest, daß es so ist, daß die Zufriedenen eher höhere Nationalismus-Werte zeigen als die Unzufriedenen.

Zusätzlich verglichen wir die geäußerten persönlichen und gesellschaftlichen Perspektiven der Jugendlichen miteinander. Die persönliche Zukunft und die Zukunft des eigenen Landes werden oft gegensätzlich gesehen. Es gibt zum Beispiel Jugendliche, die in bezug auf ihre persönliche Zukunft optimistisch sind, aber für das eigene Land schwarz sehen. Die politischen Orientierungen dieser Jugendlichen interessierten uns besonders. Beim ausgrenzenden Nationalismus erreichten sie höhere Werte als die anderen Jugendlichen.

Nach solchen Ergebnissen scheint es angebracht zu sein, politische Orientierungen nicht einfach in Abhängigkeit von der sozialen Lage zu sehen. Wir müssen vielmehr davon ausgehen, daß es vielfältige Begründungen für politische Orientierungen gibt.

In unserer Untersuchung »Jugend '90« steckte implizit noch die Annahme einer Integration der Jugendlichen in die vorgegebene gesellschaftliche »Logik«. Die Jugendlichen waren noch quasi »passiv« und wurden auch so »gedacht«. (Es gab damals zum Beispiel kaum republikweite tätliche Übergriffe auf Flüchtlinge.) Inzwischen geraten immer mehr Jugendliche, auch »integrierte«, in Widerspruch zum Staat. Sie sehen eine schwindende Regulierungsfähigkeit und kaum tatsächliche Regulierung bei gesellschaftlichen Problemen.

Aus dieser Art von »Staatskritik« kann so etwas wie Radikalisierung (also »Aktivierung«) entstehen, die entweder zu Verdrossenheit gegenüber Gesellschaftlichem gewendet wird oder in Opposition führen kann. Die *Richtung* des Opponierens ist damit eigentlich nicht vorgegeben. Aus den letzten Wahlergebnissen in Ost-Berlin kann man zum Beispiel den Schluß ziehen, daß »Opposition«, die sich in Wahlverhalten äußert, nicht nur den »Republikanern« zugute kommen muß.

Etwas vereinfacht kann man vielleicht festhalten, daß »alle« gemerkt haben, daß sich hier gesamtgesellschaftlich einiges ändern muß, daß es nicht einfach so nach dem Prinzip der Realpolitik weitergehen kann. Was aber fehlt, ist eine breite Diskussion über eine neue *gesamt*gesellschaftliche Option, Richtung. Nur die ganz Rechten versuchen mit ihren Mitteln und ihren Themenstellungen eine solche anzuzetteln. Die Asylfrage ist eine solche. Nicht daß die Flüchtlinge das Problem sind, wie es die Rechten gern behaupten. Auch ist die Asylfrage nicht das wichtigste Problem dieser Gesellschaft. Vielmehr sind wir der Meinung, daß der *Umgang* mit Flüchtlingen und Ausländern, der einer sehr großen Mehrheit egal ist, auf ein wichtiges Problem hinweist: Daß die vorhandenen geographischen und politischen Grenzziehungen nicht mehr so dicht sind. Daß das durch solche Grenzziehungen hervorgerufene Elend sich auch deutlich »meldet«, zum Beispiel in Form von Menschen, die vor ihrem Elend fliehen. Daß also die herrschende Weltwirtschaftsordnung nur mit hochelektronisch geführten Kriegen und Interventionen aufrecht zu erhalten sein wird und keiner weiß wie lange ...

Auch die Diskussion um »Multikult« ist für uns ein Hinweis auf die Ahnung einer radikalen gesellschaftlichen Veränderung, die immer nötiger wird. Um so unverständlicher ist es, wenn die ausländischen Gruppen in solchen Diskussionen sehr oft lediglich als kulturelle Sumpfblüten und Biotope gesehen werden. Dabei ist es sekundär, ob sie liberalerweise toleriert werden sollen, ob man sich an ihnen »bereichern« kann oder ob sie intoleranterweise »ausgerissen« werden sollen.

An dem Umgang mit Migranten wird auch beispielhaft durchprobiert, wie mit massiven sozialen Problemen gesellschaftlich umgegangen werden kann. An ihnen wird die Kulturalisierung von sozialen Sachverhalten durchgespielt. Hierbei sind die Rechten viel »realitätsnäher«, das heißt, sie formulieren politische Forderungen für reale und schwerwiegende Probleme. Daß ihre Lösungsangebote ins Faschistische gehen, soll nicht darüber hinwegtäuschen, daß sie ein »realistischeres« Gefühl haben für die Größenordnung der notwendigen gesellschaftlichen Veränderungen. Gerade darin steckt aber heute die reale Gefahr des Rechtsextremismus in unserer Gesellschaft.

Literatur

Heitmeyer, W. 1989. Jugend und Rechtsextremismus. Von ökonomisch-sozialen Alltagserfahrungen zur rechtsextremistischen Gewalt. In: G. Paul, Hitlers Schatten verblaßt. S. 101–154, Bonn

Held, J./Horn, H./Leiprecht, R.(Marvakis, A. 1991. »Du mußt so handeln, daß Du Gewinn machst...« – Empirische Untersuchungen und theoretische Überlegungen zu politisch rechten Orientierungen jugendlicher Arbeitnehmer. DISS Nr. 18, Dortmund: pad

Jugendwerk der Deutschen Shell. 1982. Jugend '81. Lebensentwürfe, Alltagskulturen, Zukunftsbilder. Bd. 1. Opladen: Lesek + Budrich

Rommelpacher, B. 1992. Rechtsextremismus und Dominanzkultur. In: A. Foitzik u. a. »Ein Herrenvolk von Untertanen« – Rassismus, Sexismus, Nationalismus. S. 81–95. Duisburg: DISS

Shell-Jugendstudie »Jugend '92«, November 1992 (knapp 4000 Befragte)

Über 80 Prozent der Jugendlichen sowohl in den alten wie in den neuen Bundesländern sind der Meinung, daß »die Bevölkerung sehr von den Politikern betrogen wird«. 69 Prozent stimmen dem Statement zu: »In der Politik geschieht selten etwas, was dem kleinen Mann nutzt.«

Die sogenannte »In-Liste« führen Umweltschützer mit 77 Prozent und die Friedensbewegung mit 71 Prozent an. Auf der »Haßliste« stehen Fußball-Hooligans mit 89 Prozent und Skinheads mit 92 Prozent ganz oben.

Gewalt wird als Mittel der politischen Auseinandersetzung eindeutig verneint. Insgesamt 98 Prozent der jungen Deutschen verurteilen Gewalt gegen Personen. Etwa zwei Prozent der befragten Jugendlichen bezeichneten sich als Skinheads. 30 Prozent äußerten Verständnis für Skinheads in dem Sinne, daß sie sie als Opfer gesellschaftlicher oder individueller Umstände betrachten.

Politische Alternativen statt Repression

Thesen zum Umgang mit rechtsextremen Jugendlichen

Jens Geier/Martin Stadelmaier
Anja Weusthoff/Rainer Zeimentz

Thesen zur Auseinandersetzung mit dem Rechtsextremismus

1. Die extreme Rechte ist zwei Jahre nach der deutschen Einheit im Aufwind. Nicht nur die Rostocker Erfahrungen bestätigen in brutaler Weise: Die gesellschaftlichen Einfallstore für die Rechtsextremen stehen weit offen. Es wurde und wird zu wenig getan, um sie zu schließen.

2. Die Anhängerschaften der Rechtsextremen haben sich ausgeweitet und verfestigt, vor allem aber verjüngt. Die Schlagkraft rechtsextremer Organisationen ist nicht zu vernachlässigen. Das zentrale Problem liegt jedoch in sich verbreitenden rechtsextremen Orientierungsmustern in sozial akzeptierten Gruppen. Das politische Klima und die politische Kultur werden auf diese Weise verschoben.

3. Analysiert man die Situation des Rechtsextremismus heute, so ist eine differenzierte Betrachtung - auch von Ost- und Westdeutschland - erforderlich. Gegenstrategien sind ansonsten zum Scheitern verurteilt.

4. Die rechtsextreme Szene bietet ein facettenreiches Bild: alte und neue Nazis, Traditionsverbände, manche Burschenschaften, Verlage, Münz- und Militariahandel, Wehrsportgruppen, terroristische Aktionsgruppen bis hin zu Parteien wie den »Republikanern« oder der »Deutschen Volksunion«, wissenschaftlich-publizistische Initiativen, Zirkel und Publikationen, mitlaufende Jugendliche und Claqueure, Jugendkulturen wie die der Skinheads, die Grauzonen hinein in Teile der Union und der Liberalen. Hinzu treten all jene Mittler rechtsextremer Parolen, die politisch gar nicht organisiert sind. Sie pau-

schal als Neonazis zu charakterisieren wäre falsch. Wichtig ist, sie weder zu verharmlosen noch zu dämonisieren!

5. Bei allen teils vorgetäuschten, teils tatsächlichen Unterschieden kann es keinen Zweifel daran geben: Alle diese Gruppen sind durch zwei inhaltliche Gemeinsamkeiten verbunden, die auch den Rechtsextremismus mit konstituieren. Dies ist zum einen der Angriff auf das Gleichheitsprinzip. Das heißt letztendlich die Abkehr von Grundsätzen wie der Gleichwertigkeit aller Menschen, den demokratischen Prinzipien und so weiter. Diese ist zum anderen verbunden mit einer individuell oder institutionell angewandten Gewaltperspektive.

6. In den beiden Teilen Deutschlands hat es von Anbeginn an immer ein rechtsextremes Potential gegeben: Eine Folge der historischen Grundbedingungen der westdeutschen Demokratie und des ostdeutschen Systems des real existierenden Staatskapitalismus:

- Das Ende des deutschen Faschismus kam von außen durch den Sieg der Alliierten zustande.
- Der Widerstand im »Dritten Reich« konnte – trotz aller Opfer – die Macht des NS-Staates bis zum Schluß nicht entscheidend erschüttern.
- Bis Kriegsende hat die große Mehrheit der Deutschen dem Regime beziehungsweise Hitler Gefolgschaft geleistet.

Für die Mehrheit der vor 1945 geborenen Deutschen galt: Die politische Sozialisation des »Dritten Reiches« saß weit tiefer, als daß sie sich durch eine militärische Niederlage in ihrer Grundsubstanz entscheidend verändert hätte.

7. Die schnelle Integration wesentlicher Teile der Bevölkerung in die westliche Wertegemeinschaft ist begründet im ökonomischen Aufschwung Westdeutschlands, seiner politischen Psychologie, der antikommunistischen Frontstellung im Ost-West-Konflikt und der im Grunde nur ansatzweise erfolgten juristischen Abrechnung mit den Trägern des alten Systems. Es muß in Zweifel gestellt werden, ob in Westdeutschland

tatsächlich eine langfristige Abwendung von den traditionellen Inhalten deutscher politischer Kultur stattfand oder ob sie nicht nur überlagert wurden, ihre Risiken erhalten blieben und die eigentliche Probe auf das demokratische Exempel eigentlich noch gar nicht gemacht wurde (Arno Klönne).

8. Nach der äußeren Befreiung vom Nationalsozialismus, die von beachtlichen Teilen der Bevölkerung als Niederlage empfunden wurde, kam es im Westen nicht zu grundlegenden Veränderungen der sozialökonomischen Strukturen. Die Politik der Alliierten, die Re-Etablierung traditioneller Herrschaftseliten verhinderten grundlegende Strukturreformen.

Eine breite Auseinandersetzung mit dem Nationalsozialismus fand in den fünfziger und sechziger Jahren kaum statt, sie wurde im Westen häufig auf Rechtfertigungsversuche und das Attentat vom 20. Juli 1944 reduziert.

Der Aufbruch Mitte der siebziger Jahre in Westdeutschland setzte zwar Energien frei, knüpfte an demokratische Spuren der Vergangenheit an (zum Beispiel auf Initiative Heinemanns), sicherte Spielräume und schuf Nischen emanzipatorischer Praxis. Aber schon Mitte der siebziger Jahre triumphierte die Gegenreform noch unter Verantwortung der Sozialliberalen.

9. Immer wieder gelang es rechtsextremen Parteien, wahlpolitische Erfolge zu verzeichnen; so beispielsweise der SRP Mitte der fünfziger Jahre und der NPD Mitte der sechziger Jahre. Neonazistische Aktionsgruppen traten hinzu. Die SINUS-Studie 1981 ermittelte bei einem erheblichen Teil der westdeutschen Wahlbevölkerung (13 Prozent) ein rechtsextremes Weltbild.

10. Die Erfolge der REPs, der NPD und der DVU seit Mitte der achtziger Jahre zeigen: Rechtsextremismus entsteht nicht an den Rändern, sondern in der Mitte unserer Gesellschaft. Die Modernisierungsprozesse der Industriegesellschaft erzeugen mit ihrer ihnen eigentümlichen Dialektik Gewinner und Verlierer. Die Deformationen der politischen Kultur in der Bundesrepublik sind unübersehbar.

Ein wesentliches ideologisches Muster vor allem in der Anhängerschaft der »Republikaner« ist ein ausgeprägter bundesrepublikanischer »Wohlstandschauvinismus«, der oftmals einhergeht mit Fremdenangst und -feindlichkeit.

11. Rechtsextremistische Bestrebungen hat es auch in der DDR seit langem gegeben. Hinzu treten längerfristig angelegte Dispositionen, die Einfallstore für autoritär-intolerante Politikangebote sein können (aber nicht müssen):

- Die Zerstörung der demokratisch politischen Kultur ist nach zwölf Jahren nationalsozialistischen Terrorregimes und 40 Jahren Diktatur gründlich und wirkt verheerend. Der Antifaschismus der DDR erweist sich als wenig tragfähig. Die Folgewirkungen einer formierten Gesellschaft, die neben Widerstand und Aufbegehren eben in erster Linie Anpassung erzeugt hat, werden noch lange zu spüren sein.
- In der ehemaligen DDR sind die Fähigkeiten zum Diskurs, zur Toleranz, zur kritischen Begleitung eigener und gesellschaftlicher Entwicklungen nur wenig unterstützt worden. Diese Feststellung relativiert eine ähnliche Mängelliste in Westdeutschland keineswegs. Überwachungsstaat und Mauer haben ein Klima weitverbreiteter - institutionell und auch personell angewandter - Gewaltbereitschaft entstehen lassen.
- Der nun offen auftretende Rechtsextremismus hat seine Quellen in zentralen Bereichen des sozialen und wirtschaftlichen Wandels. Auch in der DDR waren die Verwerfungen ökonomischer und sozialer Modernisierung spürbar. Zur Entwicklung von Peripherie und Metropolen, zur Freizeitsituation, zur Wohnqualität ist ähnliches zu sagen wie im Westen. Im Osten kam die Tristesse des Alltags, des Konsums, fast aller öffentlichen Lebensbereiche, vor allem aber die politische Entfremdung hinzu.

12. Der Zusammenbruch des pseudo-sozialen Systems geht mit einem Verlust an Orientierung und an Werten einher, der (zunächst) nur oberflächlich durch das Wertesystem der alten Bundesrepublik ersetzt worden ist. Mit der Desorientierung

und Destabilisierung des gesellschaftlichen und politischen Normsystems öffnen sich Lücken, in die die extreme Rechte vorstoßen kann. Nationalismus und Rassismus erscheinen manchem als die letzten festen Größen.

13. Die extreme Rechte im Osten Deutschlands versucht von den geplatzten Träumen in der ökonomisch-sozialen Trümmerlandschaft, die die SED/PDS, unverantwortlich verschärft durch christlich-liberale Politik, hinterlassen haben, zu profitieren. Zur Eskalation von Jugendgewalt und Rechtsextremismus trägt bei, daß (westdeutsche) Politik massiv an der Zerstörung von Lebenszusammenhängen wirkt.

14. Es ist eine Verkennung von Tatsachen zu glauben, ohne eine Veränderung der gesellschaftlichen Dispositionen, von denen die extreme Rechte profitiert, sei ihr das Wasser abzugraben. Das Sündenbockprinzip darf sich nicht durchsetzen! Eine andere Politik ist erforderlich.

15. Die Politik steht vor der großen Herausforderung, die Folgen der deutschen Einheit sozial verträglich zu gestalten. Die Grundbedürfnisse nach Arbeit, Wohnung und Bildung sind unter den Bedingungen der ökonomischen Krise zu sichern.

Nur offensiv sind die Grundrechte in dieser Gesellschaft zu verteidigen: Ausgrenzung und neue Hierarchisierung gefährden eine demokratische und tolerante politische Kultur. Politische Stabilität in unserer modernen Gesellschaft ist nur zu sichern, wenn alle gesellschaftlichen Probleme in den politischen Diskurs aufgenommen werden. Rechtsextremisten haben keine Chance, wenn in der politischen Diskussion glaubwürdige Antworten auf die Probleme gegeben werden.

16. Die Erarbeitung unseres Wohlstandes hat die Herausbildung einer »multikulturellen Gesellschaft« mit sich gebracht. Sie bereichert auch die Kultur in Deutschland. Ihre Akzeptanz hängt davon ab, inwieweit es gelingt, für alle betroffenen Gruppen realistische Strategien zu entwickeln, um mit den Spannungen und Problemen fertig zu werden, die sie gerade

auch für die von ihr besonders betroffenen Schichten mit sich bringt. Dazu gehören das Ernstnehmen von Ängsten, der Ausbau demokratischer Teilhabe, die Regelung der Einwanderung, der Abbau von Integrationshemmnissen und so weiter.

17. Heute wissen wir, wie sehr die Nachkriegshoffnung trog, mit den alten Nazis würde auch rechtsextreme Politik aussterben. Wir wissen auch: Der Nationalsozialismus wird zunehmend zur weit entfernten Vergangenheit, erst recht nach dem Zusammenbruch der Nachkriegsordnung. Es gilt die Erinnerung wachzuhalten, historische Differenz nicht zu verwischen, um die Geschichte in beiden Teilen Deutschlands zu wissen. Es geht um die Initiierung eines historisch aufklärenden Diskurses, um die Gestaltung von Geschichtsunterricht, vor allem um die Beschäftigung zahlreicher Jugendlicher und junger Erwachsener in lokalen Projekten der Erinnerungsarbeit für die Zukunft.

18. Verbote rechtsextremer Gruppen bedeuten in der Regel die Verrechtlichung eines sozialen und politischen Problems. Seine Lösung sind sie nicht. Aber kein Zweifel: Gegen den gewalttätig-terroristischen Kern der extremen Rechten muß mit allen rechtlichen und polizeilichen Mitteln vorgegangen werden.

Jede und jeder ist gefordert, Zivilcourage vor allem bei der Verteidigung bedrohter Menschen zu zeigen.

19. Differenzierung ist geboten: Nicht jeder Mensch, der sich rechtsextrem artikuliert, ist ein Nazi. Das Ausweichen nach rechtsaußen ist ein Warnsignal, oftmals auch sozialer Protest.

Notwendig ist aber auch, der extremen Rechten und ihren Claqueuren unseren Widerstand entgegenzusetzen, nicht zuzulassen, daß sie argumentative Vorteile erringen oder sich ihre Gewaltanwendung durchsetzen kann.

20. Die Propagandisten des Rechtsextremismus müssen mit den Mitteln der demokratischen Auseinandersetzung bekämpft werden. Die Reduzierung des rechtsextremen Poten-

tials wird nur möglich sein, wenn ein offener gesellschaftlicher Kommunikationsprozeß organisiert wird. Man sollte beispielsweise Jugendliche nicht vorschnell stigmatisieren. Politisch-pädagogische Strategien haben hier ihre Berechtigung und bedürfen der politischen wie materiellen Unterstützung. Gerade die Jugendverbände sind hier auch mit eigenem Engagement gefordert.

21. Unser Gesellschaftssystem ist anfällig für autoritäre Lösungen. Es enthält die Möglichkeit des faschistischen Weges. Seine Durchsetzungsfähigkeit hängt und hing auch von der Wachsamkeit der Linken, ihrer Fähigkeit, überzeugende Krisenlösungskonzepte und individuelle Lebensperspektiven zu bieten beziehungsweise zu vermitteln, ebenso ab wie von ihrer Konfliktfähigkeit und ihrem Demokratisierungswillen.

Thomas Krüger

Berliner Strategien und Maßnahmen gegen die Ausbreitung und Etablierung einer rechten Jugendkultur

Ich möchte beschreiben, wie wir in Berlin an das Problem des zunehmenden Rechtsextremismus unter Jugendlichen herangehen. Ausgehend von einer kurzen Sizze der sozialen und soziokulturellen Ursachen werden die Maßnahmen und die Perspektiven der jugendpolitischen Arbeit aufgeführt.

Reflexionen über Ursachen und Erscheinungsformen

Die Vereinigung Deutschlands wird immer noch sehr oft als schwieriges Zusammenwachsen von Zusammengehörigem beschrieben. Sie läßt sich vielleicht in unserem Diskussionszusammenhang besser als Zusammenstoß verstehen, bei dem ja immer gewaltige Energien im Spiel sind.

In Berlin wird dieser Zusammenstoß zweier Welten täglich erlebbar. Die Wende brachte eine tiefe Verunsicherung mit sich. Sie trifft im Osten breite Bevölkerungsgruppen, die alle unter einer Art sozialem und kulturellem Schock standen und immer noch stehen.

Eine komplexe Mischung aus Skepsis und absoluter Erwartung gegenüber staatlichen und politischen Institutionen bringt die öffentliche, die gesellschaftliche Auseinandersetzung in einen fast irrationalen Kontext. Das macht sie schwierig, riskant und unverzichtbar.

Die Jugend hat für derartige Risse in der Fassade ein feines Gespür. Wenn ihre Ausdrucksformen des Protestes, des Unbehagens am Status quo uns beunruhigen, das Gespenst des erwachenden Faschismus uns im Nacken sitzt, hat sie zunächst wenigstens das gefunden: gesellschaftliche Aufmerksamkeit und Beachtung.

Der Quasi-Extremismus in der jugendlichen Alltagskultur ist wahrlich kein neues Phänomen; er ist der Jugendphase schon von altersher in vielen Varianten eigen.

Die Momente allerdings, die das »Extrem-Sein« charakterisieren, wie Kompromißlosigkeit, klare Lösungen (die auch Gewaltbereitschaft einbeziehen), gegen etablierte Werte und eingefahrene Lebensstile sein oder der Schwarz-Weiß-Rigorismus, lassen sich in der jetzigen Phase einer tiefgehenden Verunsicherung der gesamten Gesellschaft sehr leicht mit rechtsextremen Schablonen multiplizieren.

Die sich daraus ergebende Mischung enthält ein destruktives Potential; ein Potential wider demokratische Verkehrsformen. Jugendliche - vor allem männliche - lassen sich in diesem Spektrum sehr leicht instrumentalisieren und werden schnell zum Handlanger von Interessen »biederer Bürger«.

Der soziale Nährboden für diese politische Rechenoperation hat derzeit in Deutschland viele Fürsprecher.

Das Wiedervereinigungsmodell ist beendet. Und klar wird: Statt der verheißungsvollen Zukunft wird es Entbehrungen geben.

Diese Situation untergräbt auf unterschiedliche Weise das individuelle und kollektive Selbstwertgefühl, die soziale Lage und alle bisher gängigen Politikmuster.

Der daraus auch entstehende, fest in die deutsche »Normalität« eingewebte Zeitgeist nationalistischer Prägung hat vielerorts Ausländer längst zum Freiwild der Deutschen erklärt. Und ein Teil der deutschen Jugendlichen hat sich mangels anderer Attraktionen diesem sehr populistischen rechtsradikalen Betätigungsfeld zugewandt.

Daß die soziale und politische Einbindung rechtsradikaler Einstellungen und Verhaltensformen im Ostteil Berlins mehr »protest- und bewegungsorientiert«, also dynamisch und situationsbezogen stattfindet, wohingegen im Westteil der Stadt diese Einbindung mehr »ideologisch konsistent und organisiert« (Richard Stöß), also statistisch verankert ist, liegt an der besonderen Form zweier offener historischer Rechnungen:

Verklärter und ideologisch instrumentalisierter Antifaschismus im Osten, die Inkonsequenz einer am liberalen Pragmatismus orientierten Vergangenheits»bewältigung« im Westen. Weder hat die 68er Bewegung noch hat die 89er Wende diese Rechnungen beglichen.

Deshalb haben rechte Parteien oft einen Argumentationsvorteil, indem sie mit populistischen Thesen Brücken in das verbotene Gelände schlagen.

Daß angesichts dieser Verhältnisse politische Intelligenz und Handlungsbedarf geboten ist, zeigen nicht zuletzt die Wahlerfolge rechter Parteien.

Diese politische Legalisierung rechter Parteigänger kann derzeit noch zum großen Teil als Wahl-Verhalten diagnostiziert werden. Sobald sich aber Tendenzen zeigen, daß diese Wählerparteien zu Mitgliederparteien werden, sind die politischen Gewichte auf längere Zeit verschoben.

Gegenbewegungen

Es geht also um die Entwicklung eines politischen Szenariums, das den politischen Willen transparent macht und Aktivität freisetzt und welches quasi konzentriert alle bereits stattfindenden Gegenoffensiven integriert.

Eine öffentliche Auseinandersetzung mit rechtsextremen Positionen und Verhaltensformen, an der sich Politiker, Kirchen, Gewerkschaften, Jugendverbände und Medien beteiligen müssen, ist angezeigt. In Berlin ist es in den letzten beiden Jahren immerhin gelungen, Jugend und Jugendpolitik wieder zum Thema von öffentlichem Interesse zu machen.

Es ist allerdings Ausdruck der Schieflage der politischen Kultur unseres Landes, daß immer dann von der Jugend geredet wird, wenn diese beginnt, sich von der Gesellschaft zu »verabschieden«. Der Sozialpolitik kommt seit Jahren nur mehr der Rang der Einfriedung (wachsender) Randgruppen zu. Es käme aber gerade in der derzeitigen Situation darauf an, Sozialpolitik als Entwicklungspolitik zu etablieren. Das bedeutet auch eine Umorientierung bei der Verteilung von Ressourcen, bei der Setzung von Prioritäten und der Steuerung von Finanzströmen.

Im Rahmen der Jugendarbeit stand bei den von uns in Berlin ergriffenen Maßnahmen die Erkenntnis im Vordergrund, daß Wirkung nur durch eine Verbesserung und einen Ausbau der vorhandenen Angebote und Arbeitsformen erzielt werden kann. Der Senat von Berlin hat dazu im Mai 1992 einen Bericht über die Gruppengewalt von Jugendlichen (Jugendgruppengewaltbericht) vorgelegt. Darin wird, ausgehend von einer Beschreibung der Ursachen und Ausdrucksformen zunehmender Jugendgruppengewalt - ein Phänomen, das den Westteil der Stadt seit 1988 beschäftigt -, ein Katalog von Maßnahmen beschlossen, dem entgegenzuwirken. Für die Finanzierung dieser Maßnahmen wurden 7,9 Millionen DM jährlich bewilligt.

Die Jugendverwaltung setzt auf die Integration von Jugendlichen. Ausgrenzung und Stigmatisierung auffälliger, gewaltbereiter und rechtsextremer junger Menschen sind keine Lösungen. Ziel ist, durch politische Aufklärung und sozialpädagogische Maßnahmen vor Ort beizutragen, daß soziale Konflikte friedlich gelöst und Meinungsverschiedenheiten unter gegenseitiger Achtung der Person ausgetragen werden. Wir meinen, daß Jugendarbeit und Straßensozialarbeit geeignet sind, sozialen Ausgrenzungen entgegenzuwirken und in Krisensituationen konkrete Hilfestellung anzubieten.

Mit dem Jugendgruppengewaltbericht wurden deshalb für den Ausbau des Programms »Aufsuchende Sozialarbeit« (Streetwork) 1,5 Millionen DM zusätzlich bereitgestellt. Insgsamt werden damit 45 Streetworker in Berlin tätig sein, 21 im Westteil der Stadt, 24 im Ostteil.

Wesentliche Voraussetzung für eine Änderung des Verhaltens jugendlicher Gewalttäter ist die Herstellung einer Beziehungs- und Gesprächsebene zu diesen Jugendlichen. Sie machen von den bestehenden Angeboten in den bezirklichen Jugendfreizeitstätten keinen Gebrauch oder werden von der einrichtungsgebundenen Kinder- und Jugendarbeit sogar ausgegrenzt.

Straßensozialarbeit hat zum Inhalt, auf junge Menschen zuzugehen, die sich in jugendlichen Subkulturen bewegen, um sozialen Ausgrenzungen entgegenzuwirken und in Krisensituationen Hilfestellungen anbieten zu können.

Eins ist klar. Straßensozialarbeit ist kein Allheilmittel. Aber sie ist gerade in großstädtischer Anonymität ein wichtiges Mittel, um verlorengegangene oder abgebrochene Kommunikation wieder aufzunehmen. Das belegen die Erfahrungen, die in der Vergangenheit mit türkischen Jugendlichen in Kreuzberg gemacht wurden. Und das zeigen erste Erfahrungen im Ostteil der Stadt. Dazu weiter unten mehr.

Ebenfalls im Rahmen des Berichts über Gruppengewalt von Jugendlichen in Berlin hat das Abgeordnetenhaus der Senatsverwaltung für Jugend und Familie Mittel in Höhe von 2,3 Millionen DM für ein Programm »Hinausreichende Jugendarbeit« zur Verfügung gestellt. Dieses Programm soll durch einen erfahrenen und leistungsfähigen Träger der freien Jugendhilfe umgesetzt werden.

Die Erfahrung, daß einerseits nicht alle jungen Menschen von den Angeboten der Jugendfreizeitstätten der Jugendämter erreicht werden, andererseits sie sich selbst durch subkulturelle Verhaltensformen ausgrenzen, führte dazu, daß zunehmend unterschiedliche Projektformen von hinausreichenden Ansätzen (outreached youthwork) entwickelt werden müssen. Diese Projektformen - angesiedelt im Grenzbereich zwischen offener Jugendarbeit, Straßensozialarbeit, ambulanter Erziehungshilfe und Gemeinwesenarbeit - sollen junge Menschen erreichen, die nur unzureichend von herkömmlichen Angeboten in Jugendfreizeitstätten angesprochen werden. Diese Formen der mobilen Arbeit sind durch zugleich aufsuchende und nachgehende Sozialarbeit gekennzeichnet. Nicht der junge Mensch begibt sich zur Kontaktaufnahme in eine Einrichtung, sondern deren Fachkräfte suchen den Kontakt dort, wo sie sich aufhalten, zum Beispiel auf Straßen, in Parks, Kneipen, U-Bahnhöfen oder auf Plätzen. Ziel dieser Arbeit ist der Abbau von Schwellenängsten, der Aufbau eines Vertrauensverhältnisses zu einzelnen oder zu Gruppen und letztlich die soziale Integration.

Der in Berlin eingerichtete Experimentierfonds, dessen Etat mit dem Jugendgruppengewaltbericht auf jährlich 1,5 Millionen DM aufgestockt wurde, ist bundesweit noch einmalig und basiert auf den Erkenntnissen des Jugendgruppengewaltberichts. Nur wenn es gelingt, in größerem Umfang als bisher, attraktive und außergewöhnliche Freizeitangebote für Jugendliche bereitzustellen, mündet Langeweile nicht mehr in Aggression.

Mit Geldern, die entgegen der sonst üblichen Praxis im öffentlichen Haushalt flexibel und kurzfristig eingesetzt werden können, ist es viel besser möglich, auf die Bedürfnisse der Jugendfreizeitarbeit vor Ort einzugehen. Zu den geförderten mehr als 70 Projekten zählen ein Kinder- und Jugendzirkus, ein Begegnungswochenende von Mädchen aus einem der östlichen und westlichen Bezirke Berlins. Weiter ist ein Theaterprojekt zum Thema »Jugendliche im Knast«, ein Schulschwänzerbus, eine Fahrrad-»Tour de Schöneberg«, ein Film zum Thema »Jugendliche und Homosexualität«, die Einrichtung eines Spiel(um)welt-Ökomobils und zahlreiche andere Theater- und Filmprojekte, Musikveranstaltungen und andere gewaltpräventive Maßnahmen Bestandteil geförderter Initiativen.

Mit dem Jugendgruppengewaltbericht und den in seinem Gefolge eingeleiteten Maßnahmen erfährt die Jugendpolitik und die Jugendarbeit in Berlin eine Stärkung. Entscheidend ist dabei die Langfristigkeit der Förderung und die Differenziertheit der Maßnahmen. Weitere gibt es im Bereich der Polizei, der Schule, der Justiz und der Ausländerbeauftragten.

Eine weitere Verstärkung erfuhr die Jugendarbeit durch das von der Bundesregierung aufgelegte »Aktionsprogramm gegen Aggression und Gewalt« (AGAG). Der Berliner Anteil von 2,2 Millionen DM wurde von uns für Projekte in den Berliner Bezirken Hohenschönhausen, Marzahn, Hellersdorf und Lichtenberg bestimmt. Diese Bezirke sind sogenannte Großsiedlungen, Plattenwüsten mit einer sehr jungen Bevölkerung, wenig kulturellen sozialen Einrichtungen und zunehmenden Problemen. Der Anteil rechtsgerichteter Jugendlicher liegt hier über dem in anderen Bezirken.

Für alle vier AGAG-Projekte konnten aktive Trägervereine und erfahrene Mitarbeiter, die teilweise bereits vor Ort tätig waren, gewonnen werden.

In allen vier Jugendamtsbereichen wurden durch die Träger und Projektmitarbeiter in Abstimmung mit den jeweiligen

Bezirksämtern Objekte gefunden, die als Jugendtreff dienen und aus denen heraus die gewaltpräventive Streetworkerarbeit entwickelt werden soll. Die im unmittelbaren Umfeld lebenden gewaltbereiten Jugendlichen, von denen die Mehrzahl straffällig geworden ist und die ohne Ausbildung beziehungsweise arbeitslos sind, kennen zum größten Teil die dort tätigen Projektmitarbeiter aus der unmittelbaren sozialpädagogischen Arbeit und akzeptieren sie.

Im folgenden eine kurze Skizze der Projekte:

1. Projekt: Streetwork im Bermuda-Dreieck in Marzahn, Jugendklub »Die Wurzel«. Träger ist der Verband für sozial-kulturelle Arbeit e.V.

An der Bezirksgrenze Marzahns zu Hohenschönhausen werden einer Gruppe von 15 bis 20 Skinheads, die sich meist radikal rechts bis nationalsozialistisch darstellen und die sich vormals am Imbiß nur mit Bier vollaufen ließen, durch das Streetworkerprojekt praktische Angebote zur Meisterung des täglichen Lebens sowie einer sinnvollen Freizeitgestaltung (Produktion von Videofilmen, gemeinsame Abenteuerfahrt im Herbst, Fußballturnier) und der eigenverantwortlichen Renovierung und Gestaltung ihres Clubs »Wurzel« in der Dessauer Straße gegeben.

Dieses Projekt ist ein Experiment, das von der Öffentlichkeit besonders kritisch aufgenommen wurde. Die bange Frage war und ist, ob hier nicht den Rechtsextremen eine Plattform und eine Organisationsbasis gegeben wird. Sicher ist das immer ein Risiko. Die Erfahrungen der ersten Monate zeigen jedoch beachtliche Erfolge: Einige der Skinheads haben inzwischen eine Arbeit gefunden, die Arbeit in dem Jugendklub läuft gut, das Verhältnis zu den Anwohnern hat sich verbessert.

2. Projekt: Sport- und Jugendsozialarbeit gegen Gewalt in Lichtenberg durch die Sportjugend Berlin im Landessportbund Berlin e.V.

Über die Gruppe von ungefähr 10 Skinheads um den Bahnhof Lichtenberg, mit denen wöchentlich über Sporttreiben Aggressionen und Gewaltbereitschaft abgebaut werden sollen, werden in dem, im Aufbau befindlichen, Sportjugendclub in der Frankfurter Allee sowohl eine offene Jugendarbeit für die Straßencliquen des Umfeldes und für Skinheads angeboten, als auch der halbjährige Antigewaltkurs (straffällige Jugendliche, die Freizeitauflagen vom Jugendgericht erhalten haben) durchgeführt. Daneben werden Hilfen bei der gemeinsamen Lösung von Alltagsproblemen und die kostenlose »Rechtsberatung für Jugendliche« im Sportjugendclub angeboten.

3. Projekt: Streetwork in Hellersdorf (Förderverein für Jugend- und Sozialarbeit e.V.)
Im Gebäude Torgauer Straße in Hellersdorf, in dem sich auch das »Jugendwerk Aufbau Ost« befindet, hat der »Förderverein für Jugend- und Sozialarbeit e.V.« bereits seine Medienwerkstatt mit Film-, Video-, Foto- und Tonprojekten eingerichtet und beginnt die gewaltpräventive, aufsuchende Jugendsozialarbeit mit den Jugendlichen des Umfeldes. Im Vordergrund steht neben der praktischen Hilfe bei der Lösung der Alltagsprobleme (in Zusammenarbeit mit der Jugendgerichtshilfe) die Hilfe bei der eigenverantwortlichen Freizeitgestaltung, insbesondere die Renovierung und Ausgestaltung von ehemaligen Hausgemeinschaftskellern in Wohnhäusern. Dabei sollen Kontakte zu den Clubs »Malibu« (Treff rechtsradikaler Jugendlicher) und »Bit« (Treff der Motorradgang »Bunter Haufen«) weiter ausgebaut und in gewaltmindere Bahnen gelenkt werden.

4. Projekt: Gewaltprävention in Hohenschönhausen (pad e.V.)
Ausgehend von dem seit 1991 arbeitenden pad-mobil-Bus auf ABM-Basis zum Thema »Drogenprophylaxe« (offene und Gruppenangebote für Schulklassen und LehrerInnen) ist vorgesehen, aus dem Freizeittreff Grevensmühlener Straße heraus Streetworkerarbeit als Vernetzung von Sucht- und Gewaltprävention sowie als alternatives Angebot der Jugendarbeit (als drogen- und gewaltfreier Kommunikations- und Begegnungsort Jugendlicher) zu gestalten.

Die aufgeführten Maßnahmen sind Teil des präventiven Ansatzes in der Jugendsozialarbeit im weiteren Sinne. Die Herausforderung besteht darin, die zum Teil klassischen Rezepte unter den neuen Bedingungen wirkungsvoll einzusetzen. Zum Teil führt das zu neuen Formen sozialkultureller pädagogischer Arbeit. Ein Beispiel ist der im Rahmen des AGAG geförderte Jugendclub »Die Wurzel«, den jugendliche Skinheads in Selbstverantwortung gemeinsam mit zwei Sozialarbeitern betreiben. Erste Erfolge dieser nicht gegen die Jugendlichen, sondern auf Kommunikation mit ihnen abzielenden Strategie zeigen sich. Es bleibt allerdings ein langer Weg, auch diese jungen Menschen in die soziale Perspektive unseres Wohlfahrtsstaates aufzunehmen.

Jugendpolitik muß sich mit den sozialtypischen Verhältnissen der Jugendlichen auseinandersetzen und sich in alle Bereiche einmischen: In der Konkurrenz um knappe Güter wie Arbeit, Wohnen, Bildung und Gesundheit brauchen Jugendliche politischen Beistand.

Der Gedanke der Prävention sollte dabei Priorität haben und praktisch entwickelt werden. Das ist Ausgangspunkt eines Diskussionsentwurfes zum Ausführungsgesetz zum Kinder- und Jugendhilfegesetz (AGKJHG).

Der Neigung Jugendlicher zu einfachen und geschlossenen Weltbildern, die ihnen auch von rechtsextremer Seite angeboten werden, muß unter Ausschöpfung aller Möglichkeiten begegnet werden. Die bewußte Stärkung jener Jugendlichen, die demokratische Positionen vertreten, ist Teil der Strategie.

Wissenschaftliche Politikberatung und gebündelte Erfahrungen aus dem Praxisbezug der Jugendpolitik sind stärker als Anforderung zu diskutieren und umzusetzen.

Die offensive Beteiligung an der öffentlichen Debatte konnte bei den politischen Entscheidungsträgern Berlins eine höhere Sensibilität für jugendpolitische Erfordernisse erreichen.

Die Debatte um die Risiken des bisherigen Kurses der Vereinigungspolitik hat begonnen. Auch wenn die zukünftigen Spannungen damit nicht behoben sind, geraten die Chancen und die Richtungen der nötigen Umkehr doch in den Blick.

Die soziale Infrastruktur in der Jugendarbeit vor Ort muß entwickelt werden, langfristige Programme sind aufzulegen. Statt kurzfristiger Alibi-Programme sollte die Bundesregierung einen jugendpolitischen »Sonderplan Neue Bundesländer« auflegen. Bei einer Laufzeit von zehn Jahren und mindestens 50 Millionen DM pro Jahr wäre in den neuen Bundesländern einiges getan.

Der Aufbau einer jugendpolitischen Infrastruktur wird sonst an der völlig desolaten Finanzsituation der Ostkommunen scheitern.

Es gibt den Sozialegoismus und -neid nicht nur beim kleinen Mann. Zunehmend sind sie auch bei den politischen Organisationen zum festen Repertoire der Mittel zur Machterhaltung geworden.

»Jugend mit Zukunft«:
Das Sonderprogramm des Jugendsenats von Berlin

Um den verbreiteten Tendenzen jugendlicher Gewaltbereitschaft und sozialer Desintegration junger Menschen in Berlin entgegenzuwirken, beschließen die Koalitionsfraktionen ein auf drei Jahre geplantes Sonderprogramm »Jugend mit Zukunft« von insgesamt 300 Millionen DM. Mit diesem Sonderprogramm soll ab 1993 über eine Vielzahl von Einzelmaßnahmen in verschiedenen Bereichen durch entschiedene Prioritätensetzung mittelfristig kontinuierliche Jugendarbeit zur Gewaltprävention ermöglicht werden.

Zur *Bekämpfung der Langzeitarbeitslosigkeit* von Jugendlichen will das Programm über mehrere Projektmaßnahmen insgesamt 300 Jugendlichen den Einstieg beziehungsweise Wiedereinstieg in das Berufsleben ermöglichen.

Im Rahmen des zusammenwachsenden Europas und der besonderen Funktion, die Berlin dabei zukommt, soll für junge Menschen ein *Europa-Jahr* durchgeführt werden, das vor allem Jugendlichen bis 25 Jahren nach abgeschlossener Berufsausbildung ermöglicht, ein praktisches Berufsjahr in europäischen Ländern zu absolvieren.

Ein *ökologisches Jahr* schafft für junge Menschen nach der Schule Gelegenheit für einen sinnvollen und nützlichen Einsatz zum Schutz der Umwelt und zur Erweiterung der diesbezüglichen Kompetenz.

Um in sozialen Brennpunkten der Stadt ein flexibles Angebot an Jugendfreizeiteinrichtungen bereitzustellen, wurden *mobile Jugendzelte* bewilligt. Ein *Rockmobil* mit technischem Equipment für Jugendrockgruppen ohne feste Übungsräume wurde bereitgestellt. Im

Kraftfahrzeugprojekt Midas *»Bauen statt klauen«* wird jungen Menschen der Eigenbau eines Kfz ermöglicht.

Zur Einbindung und Beschäftigung von Jugendlichen in der Freizeit, um gefährdete Jugendliche von der »Straße« zu holen und um auf eine Identifikation mit dem Lebensbereich Schule hinzuarbeiten, sollen *Schülerwerkstätten* insbesondere an den Hauptschulen sozial belasteter Bezirke eingerichtet werden.

Schülerfahrten sollen *Begegnungen mit fremden Kulturkreisen* ermöglichen und zur Achtung dieser Kulturen anregen, Verständnis und Toleranz der Jugendlichen fördern.

Durch den *Selbstbau von Sport- und Bewegungsgeräten,* Skateboardanlagen, Kletterwänden, Fahrrädern und ähnlichem sollen das Engagement und die Einbindung der Kinder und Jugendlichen gefördert, die sportgerechte Umgestaltung von Lebensräumen erreicht werden. Einrichtungen wie Spielmobile und Streetballanlagen erreichen unter dem Aspekt der Gewaltprävention auch Jugendliche in den unzureichend ausgestatteten Gegenden Berlins.

Das auf die Initiative der Polizei zurückzuführende, bewährte Projekt »Kick gegen Jugenddelinquenz« zielt in erster Linie auf die Reintegration straffällig gewordener Jugendlicher durch sportliche Maßnahmen.

Schließlich wird die Berliner *Landesstiftung für Familien und Jugendprojekte* eingerichtet, um bei knapper werdenden Haushaltsmitteln die Kontinuität der Jugendarbeit in Berlin sicherzustellen und die Voraussetzungen dafür zu schaffen, daß auf aktuell auftretende Fragestellungen unbürokratisch reagiert werden kann.

Adelheid Schmitz

Handeln jenseits von hilflosem Anti… und ohnmächtiger Pädagogik

Pädagogische Maßnahmen in Jugendarbeit und Schule

In den letzten Jahren wurden in der pädagogischen Praxis zahlreiche Handlungskonzepte entwickelt und Maßnahmen durchgeführt, die den rechtsextremistischen Orientierungen bei Jugendlichen entgegenwirken sollen. Diese unterschiedlichen Projekte und Initiativen können hier nicht alle vorgestellt werden.[1]

Lehrkräfte und MitarbeiterInnen in der Jugendarbeit suchen vor allem nach Konzepten, die sich möglichst rasch realisieren lassen. Diese große Hoffnung, die sie in die rezeptartige Vermittlung von konkreten Modellen und Projekten setzen, ist verständlich. Aber Jugendliche bringen nur das offen und direkter zum Ausdruck, was in breiten Teilen der Bevölkerung gedacht wird. Vor diesem Hintergrund müssen auch die Möglichkeiten pädagogischen Handelns relativiert werden.

Für Krisenerscheinungen in der Gesellschaft, wie hier die wachsende Gewaltbereitschaft der jugendlichen Rechtsextremisten, werden immer wieder Pädagogen verantwortlich gemacht. Jugendarbeit und Schule können aber nur dann mithelfen, die weitere Ausbreitung des Rechtsextremismus zu verhindern, wenn sie in ein umfassendes Demokratisierungskonzept eingebunden sind. Solange allerdings demokratisches Denken und Handeln abstrakt vermittelt und nicht im Alltag erlebt wird, bleibt das Ergebnis der Bemühungen fragwürdig; es kann gegebenenfalls sogar contraproduktiv sein. Das demokratische Konzept ist für Jugendliche erst dann glaubhaft, wenn sie in der Familie, in der Schule, im Jugendhaus, im Stadtteil tatsächlich Möglichkeiten der Mitwirkung und Mitgestaltung haben.

Gegenwärtig zeichnet sich insbesondere in der Jugendarbeit der Trend ab, sich unter dem gegebenen Handlungsdruck verstärkt um die rechtsextrem orientierten und gewaltbereiten (meist männlichen) Jugendlichen zu kümmern. Sozialpädagogische Maßnahmen, vor allem mit Skinheads und Fußballfans, sind wichtig und notwendig. Dies darf allerdings nicht dazu führen, daß präventive und eher langfristig angelegte Strategien zur Aufklärung, Sensibilisierung und Immunisierung der bisher noch nicht auffällig gewordenen Jugendlichen auf der Strecke bleiben. Von offizieller Seite wird den jugendspezifischen Ausdrucksformen des Rechtsextremismus, insbesondere in Verbindung mit zunehmenden Gewalttätigkeiten, die größte Aufmerksamkeit gewidmet. Das innerhalb kurzer Zeit mit 20 Millionen DM verabschiedete Sonderprogramm »Prävention« im Bundesjugendplan, mit dem Maßnahmen zur Verhinderung von Gewalt bei Jugendlichen vor allem in den neuen Bundesländern gefördert werden, ist zwar begrüßenswert, aber es ist auch ein Beispiel für die Pädagogisierung des Problems Rechtsextremismus. Damit gehen die politisch Verantwortlichen den notwendigen Anstrengungen für die Sozial-, Jugend- und Bildungspolitik aus dem Weg. Rechtsextremismus wird zu einem abweichenden Verhalten Jugendlicher herabdefiniert, dessen Bearbeitung den Pädagogen und Sozialarbeitern übertragen wird.

Eine soziale Gegenbewegung in der bewahrenswerten Tradition des Antifaschismus

Auf politischer Seite waren es überwiegend antifaschistische und antirassistische Initiativen, die zum Teil mit, aber meistens ohne Unterstützung größerer gesellschaftlicher Gruppen wie Gewerkschaften, Kirchen oder Parteien Gegenmaßnahmen organisierten. Zu den Aktivitäten dieser in der Tradition der politischen Bewegung von unten stehenden Gruppen gehören: Gegenkundgebungen bei Veranstaltungen rechtsextremer Parteien, Verhinderung öffentlicher Auftritte und gewalttätiger Übergriffe von Rechtsextremisten, Neonazis und ihren Sympathisanten, die Organisation von Infoständen und Informationsveranstaltungen, Aktionen gegen rechte Propagandaschriften, Forderungen nach einem Verbot rechtsextremer Parteien und Gruppen.

Erst nach dem Mordanschlag von Mölln reagierten Hunderttausende von Menschen mit Großdemonstrationen und Lichterketten auf die rechtsextremistische Gewalt. Diese breite, gruppen- und parteienübergreifende Gegenbewegung richtet sich vor allem gegen die direkte Gewalt der Rechtsextremisten und Neonazis. Inzwischen gehört es fast zum »guten Bild« einer Stadt, daß sie eine »Lichterkette« oder wie in Düsseldorf ein »Lichterfest« organisiert. Wenn diese Veranstaltungen von oben, also von den Repräsentanten der Politik organisiert werden, bleibt ihre politische Ausrichtung meist unbestimmt oder fehlt gänzlich. Bei der Großdemonstration in Berlin wurde dieser Widerspruch besonders deutlich. Viele TeilnehmerInnen – und eben nicht nur die kleine Gruppe aus dem autonomen Spektrum – bekundeten ihre Skepsis. Die Demonstration führender politischer Repräsentanten für die Verfassung, wie zum Beispiel in Berlin unter dem Motto »Die Würde des Menschen ist unantastbar«, ist doppelzüngig, wenn dieser Grundsatz gleichzeitig geändert und eingeschränkt wird.

Eine antirassistische Bewegung darf nicht nur auf die offene und direkte Gewalt reagieren, sondern muß auch auf die politischen Strukturen einwirken, die die rechtsextremistische Gewalt fördern beziehungsweise sogar legitimieren. Kurzfristig können dadurch zwar die Aktivitäten und Wahlerfolge der Rechtsextremisten und Neonazis nicht gestoppt werden, langfristig geht es aber darum, das politische Klima so zu verändern, daß ihr Spielraum eingeschränkt wird.

Eine solche Bewegung kann an die bewahrenswerten Traditionen des Antifaschismus anknüpfen, darf sich aber nicht darauf beschränken. Mit der Losung »Wehret den Anfängen« haben Menschen, von denen viele den Nationalsozialismus unter Einsatz ihres Lebens bekämpft haben, immer wieder zu einer besonderen Sensibilität gegenüber den Vorformen faschistischen und rassistischen Denkens aufgerufen. Der traditionelle Antifaschismus hat mit der Mahnung an die Verbrechen der Nationalsozialisten und der Erinnerung an die Opfer die Auseinandersetzung mit der nationalsozialistischen Vergangenheit und den Kontinuitäten wachgehalten. Dies ist gerade angesichts der neuen internationalen Revisionismuskampagne der Rechtsextremisten und Rechtskonservativen noch immer wichtig.

Bei der Beurteilung dessen, was Antifaschismus ist, sind sich jedoch viele Kritiker in einer pauschalen Ablehnung einig. Die Bewertungen reichen von einäugig oder gar blind, ritualisiert und fixiert, akademisch, moralisierend, wirkungslos, gegenproduktiv, destabilisierend, unzeitgemäß bis hin zu immer hilflos. Neonazis, Rechtsextremisten und Neokonservative haben mit der Forderung »Schluß mit der sogenannten Vergangenheitsbewältigung« inzwischen eine gemeinsame Plattform. Aber auch etwas moderatere Stimmen im linken Spektrum glauben zu wissen: »Aufklärung über den Nationalsozialismus ist hilfloser Antifaschismus!«

Da der heutige Rechtsextremismus und Rassismus vor allem in aktuellen gesellschaftlichen und politischen Problemen wurzeln, trifft der traditionelle Antifaschismus nur einen Teil des Problems. Außerdem muß der Begriff »Antifaschismus«, der in der DDR zu einem Grundpfeiler der Staatsdoktrin erklärt worden war, letztlich aber vor allem der Stabilisierung der Macht des SED-Regimes diente, neu definiert werden.

In der Vergangenheit hat sich oft gezeigt, daß politischer Handlungsbedarf am ehesten dort gesehen wurde, wo die Gewalt sich gegen machtvolle staatliche oder wirtschaftliche Institutionen und ihre Vertreter wendet (wie zum Beispiel bei linksextremistischen Aktivitäten) oder wo öffentliche Sicherheitsinteressen berührt werden (durch Gewalttätigkeiten von Streetgangs, multikulturellen Jugendbanden und so weiter). Wenn sich die rassistischen Gewalttätigkeiten statt gegen die macht- und schutzlosen Fremden gegen staatliche oder wirtschaftliche Einrichtungen und ihre Vertreter richten würden, wie stark wäre dann die Reaktion darauf, wie intensiv würde dann ermittelt, registriert und sanktioniert?

Die Grundgedanken der antifaschistischen Bewegung müssen auf die heutigen gesellschaftlichen und politischen Herausforderungen übertragen und modernisiert werden. Dazu ist eine intensive Diskussion innerhalb des antifaschistischen Spektrums notwendig, das von den traditionellen Gruppen über Flüchtlingsinitiativen bis hin zu den Solidaritätsgruppen mit den Ländern der sogenannten Dritten Welt reicht. Langfristiges Ziel muß es sein, nicht nur auf den Rechtsextremismus zu *reagieren,* sondern zu zeigen, daß der eigene Entwurf einer demokratischen und humanen Gesellschaft den rechten Parolen überlegen ist. An der Ausgestaltung dieses Entwurfs müssen sich alle gesellschaftlichen Gruppen mit Ideen, Vorschlägen und Handlungskonzepten beteiligen.

Die Arbeitsgemeinschaft Jugendhilfe und die Konferenz der Fachbereichsleitungen der Fachbereiche für Sozialwesen in der Bundesrepublik haben dazu Handlungsmöglichkeiten aufgezeigt.[2] Die Vorschläge konzentrieren sich auf die Bereiche Partizipationspolitik, Sozialpolitik, Vernetzung, Migrationspolitik, Jugendarbeit, Bildung und Ausbildung, Wissenschaft und Forschung. Einige werden hier skizziert:

Partizipationspolitik

Erwachsene und Jugendliche spüren immer deutlicher die Widersprüche zwischen ihren individuellen Zukunftsvorstellungen und den tatsächlichen Möglichkeiten ihrer Realisierung. Das dadurch erlebte Gefühl der Handlungsohnmacht, das die Empfänglichkeit für die einfachen Lösungen der Rechtsextremisten erhöht, kann nur abgebaut werden, wenn Jugendlichen und Erwachsenen in allen Lebensbereichen Möglichkeiten der Mitwirkung und Mitgestaltung eröffnet werden. »Vielfältige Kommunikationsstrukturen können Räume bieten für die Identität und die praktische Erfahrung von Gemeinschaft. Hierzu gehört sowohl die innere Demokratisierung und das Erlebnis der Selbstorganisation in Jugendverbänden, die Einrichtung von Hausparlamenten in Jugendzentren, die Einrichtung stadtteilorientierter Interessenvertretungen als auch die Schaffung von Sendeplätzen und die Beteiligung von Jugendlichen im Rundfunk.«[3]

Sozialpolitik

Um dem Rechtsextremismus langfristig und präventiv entgegenzuwirken, bedarf es einer Sozialpolitik, die die Lebensbedingungen der Menschen verbessert und nicht nur quantitativ absichert. »Nur die lebenswerte Gestaltung von Wohnungen und des Wohnumfeldes, Ausbildungs- beziehungsweise Arbeitsplätzen mit der Möglichkeit zur Verwirklichung sachlich-inhaltlicher Arbeitsansprüche und qualifizierter Angebote für Kinder und Jugendliche im Bildungs- und Freizeitbereich führen zu befriedigenden Sozialkontakten im Lebensnahraum, Identitäts- und Kompetenzerfahrungen sowie zu einer orientierungssichernden beziehungsweise handlungsanleitenden Sozialisation.«[4]

Vernetzung

Wenn der Verlust sozialer Bindungen und Verbindlichkeiten einer der vielen Gründe für den wachsenden Rechtsextremismus ist, gilt es mehr noch als früher, stadtteilbezogene Räume, Begegnungszentren und kulturelle Einrichtungen zu schaffen, in denen neue Formen der Kommunikation, der Gemeinschaft und Solidarität entstehen können. »Nicht nur der Aufbau neuer Vernetzungen im unmittelbaren Wohnumfeld (zum Beispiel Nachbarschaftsinitiativen, -büros, -zentren) ist notwendig, sondern auch die Einmischung der Jugendhilfe in Politikbereiche wie Stadtentwicklung, Wohnen und Verkehr. Das impliziert die Gestaltung des Lebensraumes als soziales Quartier.«[5]

Migrationspolitik

Die Arbeitsgemeinschaft Jugendhilfe unterstützt die Forderungen nach einer Neuorientierung in der Migrationspolitik. Ziel muß es sein, die rechtliche und wirtschaftliche Diskriminierung der ausländischen Bevölkerung abzubauen. Die schon seit Jahren stattfindende Einwanderung muß endlich gesetzlich geregelt werden. Notwendig ist auch die Absicherung des Status der hier lebenden Ausländer zum Beispiel durch die Ermöglichung der doppelten Staatsbürgerschaft, insbesondere für die hier geborenen ausländischen Jugendlichen.

Zu einer rechtlichen Gleichstellung gehört auch die Einführung eines Wahlrechts. In allen Bereichen des täglichen Lebens, in der Jugendarbeit, in der Schule, in den Betrieben und im Stadtteil müssen vielfältige und unterschiedliche interkulturelle Kontakte initiiert und weiterentwickelt werden. Notwendig sind dabei auch Informations-, Erziehungs- und Bildungsmaßnahmen, die die Konfliktbereitschaft und -fähigkeit fördern. »Zu einer Strategie, die den Rassismus von ›oben‹ angeht, würde es auch gehören, den Rassisten zu signalisieren, daß sie die Mehrheit der Bevölkerung und die respektierten gesellschaftlichen Institutionen keineswegs hinter sich haben.«[6]

Jugendarbeit

In der wissenschaftlichen Diskussion ist es unbestritten, und in der pädagogischen Praxis wird es sichtbar, daß es vor allem für Kinder und Jugendliche heute zunehmend schwieriger wird, Identität, Perspektive und Sinn in ihrem Leben auszubilden. Freizeiteinrichtungen mit ausschließlich konsumorientierten, unverbindlichen Angeboten werden den Lebensbedingungen vieler Kinder und Jugendlicher nicht gerecht und können dem Bedürfnis gefährdeter Jugendlicher nach Identifikation und Zugehörigkeit nicht entsprechen. Die Ausstattung und die Handlungsspielräume in der Jugendarbeit müssen so erweitert werden, daß sie

- konkret und praktisch Hilfen und Beratung bei alltäglichen und speziellen Problemen anbieten,
- neue Zugänge zu Kindern und Jugendlichen eröffnen,
- Eigentätigkeit, Selbstorganisation und Experimente zulassen,
- politische Aufklärungs- und Lernprozesse fördern, die Jugendlichen die Chancen und die Grenzen zur Veränderung der eigenen Situation erkennbar und erlebbar machen.

Handeln jenseits von hilflosem Anti... und ohnmächtiger Pädagogik ist also vor allem politisches Handeln, das keine weiteren Zugeständnisse an rechtsextremistische Forderungen in Form einer restriktiven Ausländer- und Asylpolitik macht, sondern die in der Verfassung verankerten humanistischen und demokratischen Grundprinzipien verteidigt und ihre Umsetzung in allen gesellschaftlichen Bereichen fördert.

Anmerkungen

1 Einige konkrete Beispiele und Anregungen finden sich in: Amt für Jugendarbeit der Ev. Kirche von Westfalen (Hg.): Dem Haß keine Chance. Projekthandbuch: »Rechtsextremismus«. Eine Sammlung von Ideen, Aktionen, Projekten, Argumenten und Beispielen aus der (offenen) Jugendarbeit von Ralf-Erich Posselt und Klaus Schumacher, Haus Villigst, Schwerte 1989
Christiane Rajewsky/Adelheid Schmitz: Wegzeichen. Initiativen gegen Rechtsextremismus und Ausländerfeindlichkeit, hg. vom Verein für Friedenspädagogik Tübingen, 1992 (Bachgasse 22, 7400 Tübingen)
Torsten Baensch: Juendlichen Raum lassen? Maßnahmen und Projekte gegen national-autoritäre Orientierungen und rechtsextremistische Tendenzen, Landeszentrale für politische Bildung, Hamburg, 1992

2 In: Forum Jugendhilfe, AGJ-Mitteilungen, Heft 1-2/1992, S. 14–17

3 ebenda, S. 15

4 ebenda

5 ebenda

6 Michaela von Freyhold, Überlegungen zur rassistischen Mobilisierung im wiedervereinigten Deutschland und zu möglichen Gegenstrategien, in: »Kommune« - Forum für Politik, Ökonomie und Kultur, Nr. 1/1992, S. 56

Anja Weusthoff

Erziehung zur Demokratie als Prävention gegen Rechtsextremismus

Konsequenzen für die Schule

»Die Forderung, daß Auschwitz nicht noch einmal sei, ist die allererste an Erziehung«, formulierte Theodor W. Adorno vor einigen Jahrzehnten mit Blick auf die jüngste deutsche Vergangenheit.

Erstarkenden rechtsextremistischen Orientierungen unter Jugendlichen, dem vermehrten Zulauf rechtsextremistischer Parteien und gewalttätigen Ausschreitungen gegen Menschen anderer Herkunft muß unverzüglich durch politische und soziale Veränderungen begegnet werden. Psychische Dispositionen und soziale Erfahrungen von Jugendlichen lassen sich nicht »wegargumentieren«. Sie müssen durch ein sich wandelndes gesellschaftliches Klima abgefangen und durch eine handlungsfähige Politik verbessert werden. Sind hier Grundvoraussetzungen geschaffen, kann darüber hinaus im Rahmen langfristiger, präventiver Maßnahmen auch die Bildungspolitik in die Pflicht genommen werden. Sie muß Bildungseinrichtungen die Möglichkeit eröffnen, auf individuelle Defizite einzugehen und eigenständig sinnvolle Prioritäten in der gesellschaftlichen Erziehungsarbeit zu setzen.

Teilt man Adornos Einschätzung, daß die Erziehung »Herstellung eines richtigen Bewußtseins« bedeutet, so ist die Forderung nach »Erziehung zur Mündigkeit« nur konsequent. Im Sinne der Mündigkeit zur Demokratie erzogene Menschen haben im Idealfall rechtsextremistischer Verführung ihr Bewußtsein und ihre Rationalität entgegenzustellen.

Einer solchen Erziehung muß die Übung wichtiger sein als die Lehre, das Experiment wichtiger als die Indoktrination.

Um zur Bekämpfung rechtsextremistischer Tendenzen durch Bildungspolitik beizutragen, müssen über die Lerninhalte hinaus auch die Lernformen und das Lernklima verändert werden.

Soll Bildungsarbeit im Sinne der Prävention gegen Rechtsextremismus genutzt werden, muß die »Erziehung zur Demokratie« zum Lernziel erklärt werden. Doch die entschieden demokratische Lernintention allein sichert noch keinen Erfolg. Sie muß vielmehr überzeugend umgesetzt, vor allem aber beispielhaft vorgelebt werden. Darum muß sich Schule als Institution auf ihre Rolle als Vermittlungsort für politisch-soziales Lernen in der Demokratie einrichten. Dic Beurteilung und Gestaltung des Unterrichts muß im Hinblick auf demokratische Erziehung erfolgen: Ansätze einer politisch-demokratischen Alltagskultur sind zu fördern, die sich durch die Einübung alltäglicher demokratischer Verhaltensmuster und -formen auszeichnet. Ausbildung von Mündigkeit kann durch ein differenziertes, vielfältiges Bildungsangebot gefördert werden, indem nicht Auslese nach falschen Begabungsbegriffen erfolgt. Daher scheint das Modell der Gesamtschule, in der gemeinsames Gleiches und individuell Verschiedenes gelernt wird, die einer demokratischen Gesellschaft angemessenere Schulform zu sein.

Einstieg: Maßnahmen im vorschulischen Bereich

Da die Wahrnehmung der politischen Umwelt durch Kinder schon vor dem Schulalter beginnt, muß bereits im Elementarbereich politisch-soziales Lernen institutionalisiert werden. Vorschulische Erziehung sollte zur Entlastung innerfamiliärer Aufgaben beitragen, um den Kindern neue Handlungsräume zu erschließen. Die Entwicklung der Kreativität muß in diesem Rahmen ebenso gefördert werden wie das Einüben von Dialogen. Irrationale Vorschriften müssen vermieden und rationale Normen begründet werden.

Zusätzlich kann sich die vorschulische Erziehung zur Elternbildung eignen. Sie sollten über ihre tragende Rolle im Sozialisationsprozeß informiert und in den außerfamiliären Bildungsprozeß der Kinder miteinbezogen sein.

In der konkreten Umsetzung zielt eine solche Erziehung vor allem auf den Abbau von Vorurteilen und die Anerkennung der Individualität des einzelnen ab. Praktische Beispiele hierfür sind vor allem Kindergärten, die sich dem Prinzip der interkulturellen Erziehung verschrieben haben: Dort werden frühzeitig Verhaltensweisen eingeübt, die das Miteinander in einer heterogenen Gesellschaft fördern.

Demokratisierung der Schule

Demokratische Erziehung ist nicht mit demokratischer Unterweisung zu verwechseln. Beständige demokratische Erziehung erfordert Verhaltenstraining, das über die Propagierung von Werten hinausgeht und Erfahrungen ermöglicht: Struktur und Inhalt schulischen Lernens bedürfen einer gründlichen Reform.

Strukturelle Anforderungen

Bisher ist die Schule keine »SchülerInnen-Schule«, sondern ein Ort, an dem sich LehrerInnen und SchülerInnen als FunktionsträgerInnen und Funktionsbestimmte gegenüberstehen. Die Organisation des Schulalltags widerspricht kindlichen oder jugendlichen Verhaltensweisen.

Mangelhafte Ausstattung von Aufenthaltsräumen, sterile Schulhöfe und karge Klassenzimmer ergänzen die triste, zumeist ausladende Architektur. Veränderungen in diesem Bereich sind nur ein Beispiel für Notwendigkeiten außerhalb der pädagogischen Bemühungen bei einer Demokratisierung der Schule, die als Übung zur friedlichen Konfliktaustragung genutzt werden soll.

Kleine Schul- und Klassengrößen geben zum einen den LehrerInnen die Chance der individuellen Betreuung und den SchülerInnen das Gefühl der Übersichtlichkeit und Vertrautheit. Eine wohnliche Gestaltung der umbauten Umwelt und feste Klassenräume mit eigener Ausstattung fördern das Verantwortungsgefühl der Schüler für ihre Umgebung. Revidierbarkeit getroffener Bildungsentscheidungen kann das Gefühl verpaßter Chancen reduzieren, Leistungsdruck senken und den Selektionsmechanismus der Schule abfedern. Stets müssen die Entscheidungsstrukturen der Schule besonders im Bereich der Notengebung den SchülerInnen transparent und berechtigt erscheinen.

Mitbestimmung

»Die moderne Gesellschaft hat die Zusammenarbeit als Ideal: die Würde der Persönlichkeit und die Achtung vor der in freier Erörterung herausgebildeten gemeinsamen Meinung. Wie ist das Kind diesem von den demokratischen Gesellschaften geförderten bürgerlichen und menschlichen Geist zuzuführen: durch die Praxis der Zusammenarbeit selbst, sobald diese psychologisch möglich ist, durch die Schuldemokratie ... oder durch eine mündliche Einführung in die Gesellschaft?« (Jean Piaget)

Kaum wird man dieser These Piagets durch die Weigerung, Jugendlichen in der Schule Partizipations- und Gestaltungsmöglichkeiten einzuräumen, widersprechen wollen: Fraglich bleibt, inwieweit SchülerInnen gerade in Haupt- und Berufsschulen in die Lage versetzt werden, die ihnen zugestandenen Rechte zu nutzen im Sinne selbstbestimmter Räume, selbstorganisierter Aktivitäten, als »Veto-Power«.

Sind sie nämlich nicht ernst gemeint und stellen keine echten Einflußmöglichkeiten dar, schlagen sie geradezu ins Gegenteil um. Die Einflußnahme der Interessenvertretung der SchülerInnen wird jedoch nur bedingt durch ihre rechtlichen Möglichkeiten bestimmt. Sie ist vielmehr in hohem Maße vom Grad ihrer Information abhängig: Der problembezogene Stand ihrer Sachkenntnis hängt zumeist vom Wohlwollen der Mitentscheidenden ab, die bestehende Einsicht in politische Prozesse und die Grundsätze der Interessenvertretung und -durchsetzung ist häufig noch nicht voll entwickelt.

Obwohl politische Aktivität entsteht, wenn die SchülerInnen die gesellschaftlichen Ursachen ihrer schulischen Situation erkennen und die aus Frustration entstehenden Impulse gegen die verursachenden Bedingungen richten, ist die Tätigkeit der SchülerInnenvertretungen auf das bildungspolitische Mandat beschränkt, jede Aktion gegen die Schule verboten.

SchülerInnen wird abgesprochen, worauf jeder Arbeitnehmer ein Recht hat: Streik. Dies muß SchülerInnen und ihren VertreterInnen die eigene Machtlosigkeit vor Augen führen, die darin liegt, daß sie nichts zu verweigern haben. Nimmt man ihnen nicht das Gefühl, auf das Wohlwollen der anderen an Schule Beteiligten angewiesen zu sein, bleibt die SchülerInnenvertretung, was sie nicht sein darf: eine Spielwiese.

Dies muß sich auf das demokratische Bewußtsein der SchülerInnen sehr negativ auswirken, sind ihnen plakativ Rechte zugestanden worden, deren Ausübung ihnen aus Gründen fehlender Machtmittel versagt bleibt.

Inhaltliche Anforderungen

Auch inhaltliche Veränderungen in der schulischen Bildungsarbeit sind unverzichtbar: SchülerInnen müssen angeleitet werden, Entscheidungsprozesse zu analysieren, um auf die eigenen vorbereitet zu werden und zu lernen, daß man als einzelner auf politischer Ebene Einfluß nehmen kann.

Die Kapazitäten sozialwissenschaftlichen Unterrichts sind auszubauen, um Inhalte in ausreichendem Zeitrahmen zu vermitteln. Politisch-soziales Lernen ist als allgemeines Unterrichtsprinzip und neu einzurichtender Bereich zu institutionalisieren.

Unterricht kann sich nicht mehr auf abfragbares Wissen einzelner Lernsequenzen beschränken, sondern muß fächerübergreifend Handlungsräume schaffen und alternative Formen von Lernen zulassen, damit durch interdisziplinäres Arbeiten und entsprechende Unterrichtsinhalte soziales Verständnis und Kompetenz von SchülerInnen gefördert wird. Hierzu kann in einer pluralistischen Gesellschaft die zusätzliche Einführung eines Faches wie Lebens- oder Sozialkunde dienen, ergänzt durch einen Kulturunterricht, der die Beschäftigung mit den Besonderheiten anderer Kulturen erlaubt und Gruppendenken zu durchbrechen hilft: die Individualität des anderen muß als Wert akzeptiert werden.

Auch Schulbücher sollten überprüft werden: Geschichtsbücher, die den Nationalsozialismus vornehmlich faktenreich schildern und Zeitzeugen und Opferperspektive außer acht lassen, dienen kaum der Erziehung zur Aufarbeitung der Vergangenheit. Sprachbücher, die die Pluralität unserer Gesellschaft durch Fixierung auf die deutsche Kleinfamilie ignorieren, leiten nicht zur Erweiterung des eigenen Horizontes an.

Unverzichtbar im Rahmen der Erziehung zur Demokratie ist die Kooperation der Lernorte, um Jugendlichen »Lernerlebnisse« zu ermöglichen, deren Vermittlungswert ungleich höher ist als der anderer Methoden.

Arbeit im eigenen Stadtteil oder gemeinsame Freizeitaktivitäten können nicht-organisierten Jugendlichen ein Gefühl der Zugehörigkeit und Gemeinschaft geben, das viele gerade an rechtsextremistischen Gruppen so sehr fasziniert.

Schulische und außerschulische Jugendarbeit müssen Sozialbildung sein, die von den Lebensverhältnissen der Jugendlichen ausgeht, sich ihre Probleme zu eigen macht und ihr Bewußtsein darauf ausrichtet. Befriedigende soziale Beziehungen können einen großen Beitrag bei der Ausbildung eines Bewußtseins leisten, das rechtsextremistische Orientierungen und Verhaltensweisen als solche erkennt und ihnen widersteht.

Zusammenfassend, verkürzend kann festgehalten werden, daß der Erfolg von schulischer Bildungsarbeit bei der Bekämpfung des Rechtsextremismus von vielfältigen Faktoren abhängig ist: Es ist unerläßlich, neben der Schaffung von befriedigenden sozio-ökonomischen und politischen Rahmenbedingungen auch der Gestaltung des Lernklimas besondere Aufmerksamkeit zukommen zu lassen, weil die Art der Lehrstoffvermittlung auch die Glaubwürdigkeit des Lerninhaltes beeinflußt und weil rechtsextremistische Bekenntnisse bis zu einem gewissen Grade nur emotional faßbaren Defiziten entspringen.

Neue Wege in der Jugendarbeit

Ideen, Aktionen, Projekte

Reinhard Hahn/Ralf-Erik Posselt

Pogromstimmung: Was ist zu tun?

Es gibt keine eindimensionalen Erklärungen für die zunehmende Akzeptanz von rechten Orientierungen bis hin zu Haß und Gewalt gegenüber anderen Menschen, insbesondere Flüchtlingen. Es gibt vielfältige Ursachenstränge, die ein differenziertes Betrachten und Herangehen notwendig machen. So ist die weitverbreitete These, sozial Deklassierte - nach dem Motto »Einfache Intelligenz, einfache Menschen, einfache Ideologie« - seien besonders anfällig für rechte Orientierung, reiner Unsinn.

Eine wachsende Zahl von Menschen in unserer Republik ist den Anforderungen komplexer gesellschaftlicher Problemsituationen nicht mehr gewachsen. Sie selber drohen zu Opfern unserer gesellschaftlichen Komplexität zu werden. Ihre ohnmächtige Bedrohung verwandelt sich im Kontext von Politikverdrossenheit und einer Krise des politischen - parlamentarisch geprägten - Systems zu einem Bedürfnis nach radikalem Wandel. Mangels linker Utopien entsteht ein gesellschaftliches Vakuum der Orientierungslosigkeit, das nunmehr zunehmend von rechts gefüllt wird. Dabei formulieren die Rechten ihre Forderungen - scheinbar realitätsnah - für reale schwerwiegende Probleme in einer komplizierter gewordenen Gesellschaft.

Kennzeichnete sich unsere Demokratie bisher unter anderem durch die Vielfalt von Interessen und Menschen bei gleichzeitiger Integrationsfähigkeit aller in das Gemeinwesen, so erleben wir heute die Folgen von Arbeitslosigkeit, Verarmung, Wohnungsnot, Vereinsamung, Identitätsverlust, fehlendem Selbstwertgefühl und Ohnmachtserfahrungen einerseits und andererseits einer Politik, die an der Verschärfung dieses Prozesses noch ein Interesse zu haben scheint. Die schrittweise Preisgabe unserer Demokratie, die Etablierung einer Gesellschaft, in der die einen so reich sind, weil die anderen immer ärmer werden – global wie auch nach innen betrachtet – und die Verfestigung einseitiger Macht und Privilegien (nach dem Motto »Leistung muß sich wieder lohnen«), sind heute unübersehbare Symptome einer um sich greifenden »Ideologie der Ungleichwertigkeit von Menschen«. Insofern hat die zehnjährige »Wendepolitik«, die eine »geistig-moralische Erneuerung« erreichen wollte, in dieser Gesellschaft Spuren hinterlassen. Die krasseste Bestätigung konservativer – nach rechts gerichteter – Meinungs- und Deutungsbrücken findet ihren Niederschlag darin, daß sowohl die zentralen Wahlkampflosungen der »Republikaner« und der »Deutschen Volksunion« des Jahres 1987 (Wahlen in Bremen und Berlin) in Form des Asylverfahrensgesetzes als auch die weitreichenden Vorstellungen der CDU/CSU-Fraktion mit ihren Angriffen auf den Kernbestand des Asylrechts parlamentarisch mehrheitsfähig sind.

Die Verkopplung mit den vielfältigen Verstrickungen der nach wie vor fortwirkenden kolonialen Ausbeutungsstrukturen, deren Zentrum im reichen Teil der Welt, im Norden liegt, verdeutlicht, daß unsere eigene Lebensweise verantwortlich ist für den Nord-Süd-Konflikt und damit auch für Fluchtursachen. Die Logik des Marktes im Weltmaßstab verursacht Verteilungskämpfe, abgestützt durch entsprechende Machtapparate wie den IWF und die Weltbank, die zu der prekären Situation führen, daß dem Süden für jede DM Entwicklungshilfe, die vom Norden fließt, das Dreieinhalbfache in Form von Zinseszins, Tilgung und ungerechten Rohstoffpreisen wieder entzogen wird. Entscheidend ist nun, daß eben auch bei den Modernisierungsgewinnern sich der Bedrohungsgedanke mit dem Sozialdarwinismus verbindet. Demnach wird dieser Überlebenskampf der Völker als gerechte Sache empfunden, wodurch sich unser Wohlstand, auch wegen der geistigen Überlegenheit, rechtfertigt. Demnach wird der Kapitalismus als die effizienteste, einfachste und damit auch sinnvollste Ordnung verstanden, die eben im Sinne des Konkurrenzkampfes jedem Volk den jeweiligen »gerechten« Platz zuweist. »Das neue Nationalbewußtsein beruft sich auf die Härte der DM und die Leistungen in der internationalen Konkurrenz. Die Überbewertung von Leistung und Erfolg verdrängt alle anderen gesellschaftlichen Ziele.« (Jugend '90) Diese Modernisierungsgewinner, die sich mit dem »überlegenen System« identifizieren und vom wohlstandschauvinistischen Denken geprägt sind, stellen insbesondere das Wählerpotential für die »Republikaner« und einer sich formierenden und modern auftretenden »neuen Rechten« dar. Diese Form des Alltagsrassismus stellt damit den geistigen Nährboden für die gesellschaftliche Akzeptanz auch von Gewalt gegenüber AusländerInnen dar.

Rassistische Entwicklungen sind eine Wirklichkeit, die auf realen Ängsten und Bedrohungsgefühlen beruht. Diese haben ihren Ursprung dort, wo begonnen wird, Menschen auszugrenzen und als Ersatzobjekte, Sündenböcke und »Blitzableiter« zu mißbrauchen. Bei der Asyldebatte handelt es sich nur um politisch vorgetäuschte Problemstellungen. Denn Japaner, Schweden oder Niederländer werden in unserem Land nicht verfolgt oder ermordet. Es sind ganz bestimmte Menschen mit ganz bestimmten Merkmalen, die zu Menschen minderen Rechts erklärt worden sind und ihr Schicksal erleiden. Die Entrechtung großer Teile unserer Bevölkerung, zum Beispiel Arbeitsloser, Sozialhilfeempfänger, Flüchtlinge, Jugendlicher (vor allem in den neuen Bundesländern), Arbeitsmigranten oder Homosexueller, ist auch durch unser Stillschweigen möglich geworden. Von daher ist es auch logisch, wenn zum Beispiel Kinder und Jugendliche, die sich selbst als ausgegrenzt erleben und der sozialen Balance beraubt sind, sich im radikalen Sinne Befreiung zu verschaffen versuchen, indem sie sich selber auf Kosten anderer Aufwertung und Bestätigung verschaffen wollen.

Elemente einer Gegenstrategie

Im Hinblick auf eine wirksame Gegenstrategie ist insbesondere die politische und gesellschaftliche Verantwortung gefragt. Antirassistische Aktivitäten können dabei zwar helfen, um auf diese Verantwortlichkeit aufmerksam zu machen, jedoch bleibt eine antirassistische Gegenbewegung solange wirkungslos, wie es nicht gelingt, durch Aktivitäten die Rahmenvoraussetzungen dafür zu schaffen, daß die politischen und gesellschaftlichen Entscheidungsträger nicht nur »moralisieren«, sondern veranlaßt sind, auch Konsequenzen im Sinne einer Veränderung der realen Verhältnisse einzuleiten. Deshalb verbietet es sich, die Aktivitäten, sei es in Form von Demonstrationen, Schutzaktionen von Flüchtlingen, aufklärerischen Maßnahmen im Unterricht oder der Sozialpädagogik in Form der aufsuchenden Sozialarbeit, nur isoliert vom gesellschaftlichen Leben zu betrachten. Vielmehr kommt es darauf an, den Doppelcharakter im Sinne der Wechselbeziehung zu begreifen, nach der die Aktivitäten zwar nicht automatisch, aber je nach Art und Weise, vor allem dann, wenn sie sich als soziale Auseinandersetzung begreifen, auch zu einer gesellschaftsverändernden Kraft werden können. Nachfolgend sind einige wichtige Elemente einer politischen Gegenstrategie aufgestellt:

- Es muß eine vernetzte politische Konzeption von Antidiskriminierung, rechtlicher Gleichstellung und positiver Einwanderungspolitik geschaffen werden.
- Das Recht auf Zukunft in der Region ist dadurch zu sichern, daß eine gesetzliche soziale Mindestsicherung geschaffen und die berufliche Erstausbildung vom betrieblichen Verwertungsinteresse abgekoppelt wird.
- Polizeiliche und gesetzliche Möglichkeiten, die jetzt schon gegeben sind, müssen konsequent genutzt werden, um das »Unrechtsbewußtsein« bei Gewalt gegenüber anderen Menschen »stärken« zu helfen.
- Gegenüber den eindeutig militanten und neofaschistischen Organisationen beziehungsweise Gruppierungen ist die Verbotsforderung konsequent anzuwenden, um damit einerseits die gesellschaftliche Toleranzgrenze zu klären, aber andererseits das Wirken durch die Illegalität zu erschweren (Finanzmittel, Organisationsfähigkeit, Wahrnehmung des Demonstrationsrechtes und so weiter).
- Brachliegende Häuser, Fabrikhallen und so weiter, insbesondere im Osten, sind nach dem Selbstverwaltungsprinzip

als Zukunftswerkstätten für Jugendliche umzufunktionieren, um damit ein Stück »Heimat« und »Identität« zu ermöglichen.

- Auf allen Ebenen der Gesellschaft, insbesondere vor Ort, ist die Initiierung von »Runden Tischen« notwendig, um im Geflecht von städtischen Kompetenzen Flüchtlingsinitiativen, Antirassismusgruppen, Kirchen, Gewerkschaften und so weiter mehr Wirksamkeit zu geben.
- Die Parteien sind aufgerufen, ein sofortiges Abkommen zu vereinbaren, damit die Asyl- und Flüchtlingsproblematik vor allem bei zukünftigen Wahlkämpfen nicht thematisiert wird.
- Die Gedenkstätten- und Erinnerungsarbeit muß im pädagogischen und didaktischen Sinne mit neuem Leben gefüllt werden, um sie nicht zum »KZ-Tourismus« verkommen zu lassen. Dafür sind finanzielle Hilfen unerläßlich, um entsprechende Initiativen zu fördern.
- Da sich das Abdriften der Jugend nach rechts nicht gesellschaftlich anonym vollzieht, ist es notwendig, in allen gesellschaftlichen »Räumen«, in denen Jugend zugegen ist, im Sinne eines vernetzten Handelns zu agieren. Auf der Straße durch Streetworker, beim Sport durch Fan-Projekte, in der Kommune durch Jugendkulturzentren, im Betrieb durch die Umsetzung des Antidiskriminierungsauftrages des Betriebsverfassungsgesetzes und so weiter.
- Bei allem, was getan wird, ob in Wort oder in Tat, ist im Sinne einer gerechten Weltwirtschaftsordnung eine internationalistische Orientierung unabdingbar. Das heißt beispielsweise, Unterstützung und Beteiligung an internationalen Boykottaktionen, Patenschaften für verfolgte Menschen in der Dritten Welt, Einflußnahme auf Konzernstrategien durch Gewerkschaften und so weiter.
- Die Auseinandersetzung im Sinne des traditionellen Antifaschismus ist überhaupt nicht hinreichend. Vielmehr bedarf es im Sinne bewahrender und neuer Elemente bezogen auf die heutigen Anforderungen eines antirassistischen Wirkens. Das heißt, entsprechende Aktivitäten dürfen sich auch nicht nur auf die »auffälligen« Jugendlichen reduzieren. Vielmehr ist es notwendig, dem Alltagsrassismus in der Breite konsequent zu begegnen.

- Jede Stigmatisierung und Marginalisierung von Jugendlichen sollte vermieden werden. Es kommt vielmehr darauf an, durch sympathische und akzeptable Aktionen, attraktive Projekte, saubere, offensive, überprüfbare (beweisbare), plausible Argumentationen Jugendliche neue Positionen entwikkeln und stabilisieren zu lassen. Deshalb sind im Sinne der »Erlebnispädagogik« entsprechende Umsetzungskonzepte notwendig, um aus den individuellen Erfahrungen der Jugendlichen das Gemeinsame herauszuarbeiten, um die Erfahrung als kollektive Erfahrung vieler Jugendlicher sichtbar zu machen.

Insbesondere im Hinblick auf die Gewaltakzeptanz vieler Jugendlicher ist es unverzichtbar, durch entsprechende Gegenerfahrungen, die auch die Faszination von Gewalt nicht leugnen, zu ermöglichen, den scheinbaren Gewißheiten, die rechte Orientierungen bieten, zu begegnen.

Was ist zu tun?

Wie kann nun der Pogromstimmung konkret entgegengewirkt werden? Wie kann das gesellschaftliche Bewußtsein durch couragiertes Handeln im Sinne humaner und sozialer Werte (Verfassungsartikel 1: Die Würde des Menschen ist unantastbar...) verändert werden, so daß vor allem das antirassistische Denken als gesellschaftlich erlebter Prozeß wahrnehmbar ist? In diesem Sinne sei an die Eingangsbemerkungen zu den politischen Strategien - den Doppelcharakter - erinnert. Ermutigend ist, daß es überall dort, wo Flüchtlingsinitiativen, Bürgerinnen und Bürger, Schülerinnen und Schüler, Jugendgruppen und so weiter laut und deutlich, unüberhörbar Position gegen Gewalt und Rassismus beziehen und Flüchtlinge zu Freundinnen und Freunden erklärt haben, nach kurzer Zeit stiller um rechtsextremistische Umtriebe geworden ist. Überhaupt scheinen Rassisten und Gewalttäter das Licht der Öffentlichkeit zu meiden - solange zumindest, wie unsere Gesellschaft sich als demokratisch begreift und zu erkennen gibt. Insofern soll der nachfolgende Handlungskatalog Anregungen zum phantasievollen und kreativen Engagement bieten.

1. Man darf nicht alles glauben, was man auf der Straße hört, in den Zeitungen liest, im Fernsehen sieht... Deshalb sollte man sich und andere möglichst vielseitig informieren. Hierzu gibt es vielerlei Möglichkeiten:

- Berichte in verschiedenen Zeitungen vergleichen,
- Bücher lesen, über sie sprechen,
- Podiumsdiskussionen und andere Diskussionsveranstaltungen besuchen und organisieren,
- Filmvorführungen organisieren, über Filme informieren,
- in Kirchen-, Jugend- und sonstigen Gruppen das Thema behandeln, zum Beispiel durch Rollen- und Planspiele,
- Dichterlesungen (zum Beispiel mit ausländischen Autoren) veranstalten (Adressen über jeweilige Verlage),
- Gespräche mit Ausländern, Vertretern von ausländischen Vereinen, Initiativgruppen, Beratungsdiensten für Ausländer, Gewerkschaften, Wohlfahrtsverbänden... führen beziehungsweise diese als Referenten für Veranstaltungen einladen,
- Seminarveranstaltungen/Tagungen zu aktuellen Themen organisieren und besuchen,
- Besuch von Ausstellungen zum Thema,
- Plakat- und Übermalaktionen durchführen,
- Thematisierung im Schulunterricht und auf Jugend- und Auszubildendenversammlungen.

2. Kontakte/Freundschaften mit Ausländern sind eine gute Möglichkeit, Barrieren abzubauen, sich kennen- und schätzenzulernen, Wünsche und Probleme der anderen zu verstehen:
- Gespräche, Orte suchen, wo man ausländische Mitbürger kennenlernen kann,
- gegenseitige Einladungen und Besuche von Mitschülern, Arbeitskollegen, Nachbarn und so weiter,
- Einladung der Eltern ausländischer Klassenkameraden, Kolleginnen und Kollegen,
- Begleitung von Ausländern bei Behördengängen, Wohnungssuche,

- Organisation/Übernahme von Patenschaften für einzelne Ausländer, Familien, ausländische Jugendgruppen,
- Kontakte zu ausländischen Jugendgruppen suchen und halten, gemeinsame Aktivitäten planen und durchführen, sie bei ihren Problemen wie zum Beispiel Raumsuche unterstützen,
- sich darum bemühen, daß ausländische Jugendliche in die Jugendgruppen oder -vereine kommen,
- gemeinsame Veranstaltungen/Feste mit Deutschen und Ausländern organisieren (zum Beispiel Diskussions- und Informationsveranstaltungen, Stadtteil-, Straßen-, Vereins-, Betriebsfeste),
- Kontakte zu ausländischen Vereinen und Beratungsstellen aufnehmen und deren Angebote/Veranstaltungen – falls es sie gibt – besuchen.

3. Ausländer haben keine Lobby. Sie sind im politischen Willensbildungs- und Entscheidungsprozeß nicht miteinbezogen. Sie haben kein Wahlrecht. Sie werden lediglich geduldet, solange sie wirtschaftlich notwendig und rentabel sind. Sind sie es nicht mehr, so bemüht man sich kaum mehr um ihre menschenwürdige Behandlung. Wir können eine Lobby schaffen durch Informationen, Aufklärung, durch Öffentlichkeitsarbeit und Solidaritätsaktionen:

- Boykottaktionen gegen Gaststätten, Diskotheken und andere Einrichtungen, die keine Ausländer reinlassen beziehungsweise diese nicht gleichberechtigt behandeln,
- Beschwerdebriefe schreiben,
- Aufrufe/Resolutionen/Petitionen zu aktuellen Themen, Deutsche und Ausländer betreffend, verfassen oder unterstützen,
- Unterschriftensammlungen durchführen, zum Beispiel für das Wahlrecht der Ausländer,
- Briefe senden an Politiker, Behörden, Kirchen, Gewerkschaften, Redakteure von Zeitungen und Fernsehsendungen, Journalisten (auch positive Briefe, wenn man zum Beispiel eine Sendung oder einen Artikel besonders gut oder hilfreich empfand, können sehr wichtig sein),

- Artikel schreiben (zum Beispiel für Schülerzeitungen, Gemeindeblätter, Vereinsrundbriefe) und gute Arbeiten anderer Autoren nach Genehmigung des Autors abdrucken,
- Kontakte zur Presse herstellen und halten, um eine bessere Berichterstattung bemüht sein,
- Leserbriefe schreiben,
- Pressekonferenzen organisieren,
- Offene Briefe (an Verantwortliche) schreiben und an die Presse schicken,
- Bürgerinitiativen gründen oder ihnen beitreten,
- deutsch-ausländische Freundschaftsvereine gründen oder gemeinsame Aktionen durchführen,
- Ausländertage durchführen (Veranstaltungen mit Filmen, Diskussionen, Diaserien, Theaterstücken, Ausstellungen, Vorträgen, gemeinsamen Festen, Dichterlesungen mit ausländischen Autoren, Info-Ständen, Liederbeiträgen von deutschen und ausländischen Sängern zum Thema...),
- Flugblätter schreiben und verteilen,
- Plakate/Poster herstellen und aufhängen,
- Informationsstand in Fußgängerzonen, vor Schulen...,
- Scheinverhandlungen (zum Beispiel Asylrecht, Ausweisungen...) führen,
- Spielaktionen zum Thema veranstalten,
- Gespräche mit Bekannten, Freunden, Verwandten, Nachbarn führen,
- Befragungen (von Mitbürgern, Fachleuten...) durchführen,
- Sichtung der Schulbücher auf Ausländer/Minderheiten diskriminierende Texte (zum Beispiel wie werden »Zigeuner«, fremde Völker dargestellt), bei Beanstandungen öffentliche Beschwerde einreichen,
- Mißstände aufdecken (Achtung, daß nicht die betroffenen Ausländer die Sache ausbaden müssen),
- gegen ausländerfeindliche/rassistische/neonazistische Veranstaltungen protestieren,
- dafür sorgen, daß ausländische Jugendliche durch Förder- und Quotierungsregelungen qualifizierte Ausbildungsplätze im Betrieb erhalten.

Thomas Mücke/Judy Korn

Neue Wege in der Jugendarbeit

Ein Versuch des Dialogs mit rechtsextrem orientierten Jugendlichen

Das Projekt »Miteinander statt Gegeneinander« ist ein Versuch, die Bereitschaft zum Dialog jugendlicher Gruppen untereinander zu fördern und Jugendlichen mit diffusen rechtsextremen Denkweisen nicht den organisierten Rechtsextremisten zu überlassen, sondern sie mit ihren alltäglichen Problemen ernst zu nehmen und sich mit ihnen auseinanderzusetzen. Es ist ein Versuch, antifaschistische Jugendarbeit mit neuen, gewagten und nicht immer einfachen Vorstößen zu probieren.

Im Herbst 1988 kam es im Norden von Berlin verstärkt zu Übergriffen auf Jugendliche verschiedener Oberschulen. Die Opfer dieser Übergriffe zeichneten sich alle durch ein sogenanntes »linkes« Äußeres aus. Es ging von Verfolgungsjagden, Beleidigungen bis zu schweren Körperverletzungen. Auch rechtsextreme Parolen und Hakenkreuzschmierereien an S-Bahnhöfen und Hauswänden mehrten sich. Zahlreiche Schulfeten wurden durch Skinheads gestört oder mußten unter Polizeischutz stattfinden. Die Angst, am Abend auf die Straße zu gehen oder allein S-Bahn zu fahren, wurde immer größer. Es entstand das Bild, daß Organisationen wie die Nationalistische Front (NF) oder die Freiheitliche Deutsche Arbeiterpartei (FAP) hinter diesen Aktionen die Fäden zogen, da bei den rechten Jugendlichen Propagandamaterial dieser Organisationen zu finden war.

Auf Grund dieser Ereignisse initiierte das »Jugendcafe Tegel« ein Videoprojekt zum Thema »Rechtsextreme Tendenzen bei Jugendlichen im Norden von Berlin«. Zur gleichen Zeit organisierten sich Schüler verschiedener Nordberliner Oberschulen in sogenannten Antifa-Gruppen. Die ersten

Aktionen bestanden in der Aufklärung über rechtsextreme Parteien. Hierbei kristallisierten sich schnell zwei Fronten heraus. Die einen setzten auf den militanten Antifaschismus, die anderen vertraten die Idee des Dialogs mit rechtsextrem orientierten Jugendlichen. Forderungen im Bereich der Jugendarbeit und der Behandlung dieses Themas in der Schule wurden laut.

Während der zahlreichen Aktivitäten entstand die Idee, einen Versuch zu wagen, auf die Jugendlichen aus der rechten Szene zuzugehen und mit ihnen gemeinsam die Situation zu verändern. Die schwierigen ersten Kontakte zu den Jugendlichen der »Pilzgruppe«, die sich zwar interessiert, aber auch skeptisch und distanziert zeigten, liefen über einen Sozialarbeiter aus dem »Jugendcafe Tegel« und zwei Schülern einer Oberschule. Über diesen Weg war es nach einer langen Anlaufphase möglich, mehr über die Jugendlichen zu erfahren, über die Strukturen ihrer Gruppe, ihr Freizeitverhalten und ihre Alltagsprobleme.

Die Jugendlichen fühlten sich in ihrem gesellschaftlichen Umfeld ausgegrenzt. In der regionalen Jugendszene wurden sie nicht akzeptiert und oft als »Nazis« tituliert. Den Jugendlichen blieb nur die Straße, ein Ort, wo sie auch stets mit der Polizei konfrontiert waren. Auch in ihrer Familie waren die Jugendlichen zumeist bindungslos: Ihre Zukunftschancen bewerteten sie durchgehend pessimistisch (»für uns wird es ohnehin keine Zukunft geben«).

Nach einiger Zeit wurde ersichtlich, daß es sich nicht um Jugendliche mit einem gefestigten rechtsextremen Weltbild handelte. Sie waren aber auf Grund ihrer Isolation und ihrer Ohnmachtsgefühle dem Zugriff von neonazistischen Organisationen ausgesetzt. Gründe, aber auch Möglichkeiten, sich dem zu entziehen, sahen die wenigsten der Gruppe. Der Mangel von Alternativen spielte hierbei eine große Rolle.

Dennoch gab es bei den meisten Jugendlichen den Wunsch, aus der Isolation und der Stigmatisierung als »Nazis« herauszukommen; sie stellten sich selbst und ihre Wünsche bei einer Pressekonferenz vor. Es folgten Gespräche mit den sich bedroht fühlenden Jugendlichen und Schülern aus der Umgebung.

An die ersten Gespräche, die mit gegenseitigen Vorwürfen und Vorurteilen durchsetzt waren, schlossen sich Überlegungen zu gemeinsamen Aktivitäten an. Nach anfänglichen Bedenken einigte man sich auf ein gemeinsames Fußballturnier mit anschließendem Grillabend. Nach diesem Turnier kam es am Treffpunkt der »Pilzgruppe« immer wieder zu Begegnungen zwischen andersdenkenden Jugendgruppen. Gewalttätigkeiten zwischen den konträren Gruppen hörten auf. Die neonazistische »Nationalistische Front«, die lange um Einfluß auf diese Jugendlichen bemüht war, zog sich endgültig zurück.

Die Jugendpolitiker unterstützten diese Entwicklung sowohl finanziell als auch politisch. Der Sozialarbeiter und die Schüler führten einen ständigen Dialog mit den Jugendlichen, aus dem sich mit der Zeit ein konzeptionelles Arbeiten entwikkelte. Ausgehend von den Interessen der Jugendlichen wurden zahlreiche Maßnahmen geplant und durchgeführt:

- Erlebnisorientierte Aktivitäten und Sportangebote wie Fußball, Segelbootfahrten, Volleyball, Zeltlager und so weiter;
- Aktivitäten der Begegnung der verschiedenen Cliquen wie zum Beispiel Feten, Fußballturniere, alltägliche Kontakte und Gespräche miteinander;
- sozialpädagogische Angebote und konkrete Hilfen bei alltäglichen Schwierigkeiten mit Eltern, in der Schule, in der Clique, im Stadtteil, mit der Polizei, bei der Suche von Lehrstellen.

Die Jugendlichen forderten gemeinsam die Schaffung eines Treffpunktes, den sie selbst gestalten wollten. Sie schlugen vor, aus mehreren Bauwagen einen Jugendtreffpunkt zu gestalten. Um besser für ihre Interessen eintreten zu können gründeten sie einen Selbsthilfeverein, die »Initiative für ein friedliches Miteinander und die Verbesserung der Lebenslage von Jugendlichen (IMV e.V.)«. Der Verein sollte die Trägerschaft für das selbstverwaltete Jugendprojekt übernehmen.

Für dieses Projekt entwickelten die Jugendlichen eine Konzeption und einen Finanzierungsplan, den sie den politischen Entscheidungsträgern in mehreren Gesprächen erörterten. Die Politiker aller Parteien (bis auf die »Republikaner«) gaben grünes Licht, so daß ein halbes Jahr nach der ersten Kontaktaufnahme mit den Jugendlichen aus der Skinheadszene das Bauwagenprojekt beginnen konnte. Bis zu diesem Augenblick hatten die Jugendlichen nicht an den Erfolg ihrer Bemühungen geglaubt.

Die Bauwagen wurden immer gut besucht und von den Jugendlichen mit einem erstaunlichen Engagement hergerichtet. Auch weiterhin liefen die Betreuungsarbeiten der Schüler und des Sozialarbeiters.

Da die Jugendlichen das Projekt - ohne pädagogische Fremdbestimmung - selbst verwalten wollten, stellten sie die Regeln, Strukturen und Inhalte selber auf. Sie wählten einen fünfköpfigen Rat, der für die Organisation des Projektes eine federführende Funktion haben sollte. Dies war der erste Moment im Leben der Jugendlichen, in dem sie demokratische Abläufe hautnah selbst erfahren haben. Die Gruppe wurde nun nicht mehr durch einen einzigen Kopf bestimmt, sondern jeder war an den Entscheidungsprozessen beteiligt. Daß die Umstellung von autoritären Strukturen hin zu demokratischem Verhalten nicht ohne Probleme ablief, versteht sich von selbst. Jedoch half der Erfolg, den die Jugendlichen verspürten, das Heraustreten aus der Handlungsunfähigkeit, die Überwindung der Ohnmacht, die sie in ihrem Leben verspürten, ihnen schnell über die anfänglichen Schwierigkeiten mit gemeinschaftlichen Entscheidungen hinweg.

Anfang 1991 begann sich die Gruppe aufzulösen. Keiner der Jugendlichen fristet heute sein Dasein im Jugendstrafvollzug. Viele machen eine Ausbildung oder haben diese bereits abgeschlossen und stehen in einem festen Arbeitsverhältnis. Die Jugendlichen sind weitgehend resistent gegenüber Einflüssen neonazistischer Organisationen geworden. Sie wollen sich nicht mehr »verheizen« lassen und können sich mittlerweile von Ideologien rechtsextremer Organisationen deutlich abgrenzen. Das Aufbrechen ihres ursprünglichen Feindbild- und Sündenbockdenkens ist sicherlich auch das Ergebnis des kontinuierlichen Dialoges mit andersdenkenden Jugendlichen.

Gibt es eine sinnvolle Jugendarbeit mit rechtsextrem orientierten Jugendlichen?

Jugendprojekte lassen sich nicht einfach übertragen, sondern es bedarf immer einer differenzierten Analyse der eigenen Situation. Dennoch können folgende Projekterfahrungen berücksichtigt werden:

- Die politischen Orientierungen und das Verhalten der Jugendlichen müssen als politische Umformungen der sozialen Alltagserfahrungen der Jugendlichen begriffen werden. Das Erscheinungsbild der Jugendlichen ist eine Kommentierung ihrer Lebenssituation. Es kommt darauf an, diesen Kommentar zu verstehen, der Ansatzpunkt hierfür sind die Alltagserfahrungen der Jugendlichen.
- Für die Strategie einer demokratischen Jugendarbeit bedeutet dies:

- Das Gespräch mit den betreffenden Jugendlichen zu suchen, sie als Person zu akzeptieren und ihren Alltag zu verstehen, aber hinsichtlich der politischen Umformungen in Gestalt rechtsextremer Orientierungen und Gewaltneigungen auf Distanz zu bleiben und die Bereitschaft zur Auseinandersetzung (ohne missionarischen Eifer) zu signalisieren. Jugendliche brauchen im pädagogischen Alltag nicht nur Nähe (Vertrauen, Geborgenheit, Ernstnehmen), sondern auch Distanz (Auseinandersetzung, Vorleben, Orientierung).
- Ziel muß es sein: den Jugendlichen Integrations- statt Ausgrenzungserfahrungen sowie Solidaritätserfahrungen zu ermöglichen und ihnen Konflikt- und Handlungsfähigkeit näherzubringen; ohne pädagogische Fremdbestimmung den Jugendlichen das Gefühl von Geborgenheit, eigener Wichtigkeit und der Notwendigkeit und Möglichkeit eigener Beteiligung am gesellschaftlichen Leben zu vermitteln.
- Den Jugendlichen nicht vorzeitig in eine »Schublade« hineinzudrängen. Stigmatisierung führt zu einer erhöhten Bereitschaft, die zugewiesene Rolle anzunehmen, das tatsächliche Verhalten also im nachhinein dem Etikett anzupassen. Nicht jeder Jugendliche, der ein Hakenkreuz malt, ist

ein »Nazi«. Zumeist stellt sich derartiges Verhalten eher als pronazistisches Protestverhalten heraus und ist nicht zu verwechseln mit zielgerichtetem politischen Verhalten.

- Vorurteile und Feindbilddenken nicht durch Belehrungen wegzureden, sondern eher durch behutsame Kontakte und Begegnungen mit andersdenkenden Jugendlichen langsam abzubauen.
- Den Jugendlichen das Gefühl einer eigenen Zukunft zurückzugeben, das heißt, mit ihnen gemeinsam zu versuchen, ihre brüchigen Lebenswege wieder berechenbarer zu gestalten und konkrete Alltagshilfen in schwierigen Situationen anzubieten.
- »Lust auf Demokratie zu wecken«, indem zum Beispiel den Jugendlichen das eigenverantwortliche Gestalten von »Lebensräumen« ermöglicht wird.

● Da organisierte Neonazis und Rechtsextremisten mit den unterschiedlichsten Mitteln versuchen, ausgegrenzte Jugendliche für ihre politischen Ziele zu gewinnen, sind alternative Angebote dringend notwendig. Sie müssen in ein längerfristiges politisch-pädagogisches Gesamtkonzept eingebettet werden. Bei solchen Projekten ist eine deutliche Distanz zu den organisierten Rechtsextremisten (die »Streetworker von rechts«) existentiell, da die Organisierten ansonsten versuchen werden, in pädagogisch betreuten Projekten Fuß zu fassen.

Pädagogische Arbeit mit rechtsextrem orientierten Jugendlichen ist abhängig von gesellschaftlichen Entwicklungen. Je mehr die Jugendlichen das Gefühl haben, sich mit rechtsextremen Orientierungen und Gewalt durchaus in der »Norm« der Gesellschaft zu bewegen, desto geringer sind pädagogische Handlungsansätze.

L. Zemke

Planspiel »Wer sind wir wieder?«

Ausgangspunkt für das Planspiel war der nur zu gut bekannte und gern vor dem Hintergrund der deutschen Vereinigung zitierte Satz »Wir sind wieder wer.« Die Grundidee des Spiels ist der Versuch der Auseinandersetzung mit dem Gedanken der nationalen Identität.

Zwei Grundfragen bildeten den Leitfaden bei der Vorbereitung des Spiels:

1. Wie kann dem Trend eines erstarkenden nationalen Großsprechertums mit all seinen Auswüchsen bis hin zu rechtsextremistischen Ausschreitungen Einhalt geboten werden?

2. Wie sehen wir als Deutsche beziehungsweise als Bürger der europäischen Staatengemeinschaft unser Verhältnis zu den Menschen der sogenannten Dritten Welt?

In der Vorbereitungsphase des Spiels einigten wir uns darauf, das Gemeindehaus, in dem unser Spiel stattfinden sollte, als »Europäisches Haus« zu deklarieren und die einzelnen Räume des Gemeindezentrums als Staatsgebiete verschiedener europäischer Nationen (Frankreich, Großbritannien, Niederlande, Polen, Bundesrepublik Deutschland) zu bezeichnen. Zuvor hatten wir bei den jeweiligen Botschaften um Zusendung von Bildmaterial gebeten, das uns Land und Leute näherbringen sollte.

Die Mitspieler wurden den einzelnen »Nationen« zugeteilt, wobei nun – vor Beginn des eigentlichen Spiels – sogenannte Landeskundige auftraten, die Auskunft geben sollten über die jeweilige Nation. In dieser Spielphase wurde deutlich, wie viele vorgefaßte Meinungen und Vorurteile es »Fremden« gegenüber gibt. Den landeskundlichen Mithelfern kam in dieser Spielphase die Aufgabe zu, die Jugendlichen auf ihre jeweilige nationale Identität einzustimmen, und sie fungierten als

»Moderatoren« - als Gruppensprecher des entsprechenden Landes.

Neben den »Nationen« gab es noch zwei weitere Gruppen, die dem Spielverlauf eine besondere Dynamik geben sollten: die »Asylanten«, die das Flüchtlingsproblem, besonders in Deutschland, verdeutlichen sollten, und die Sondergruppe der »Anwälte«, die das Anliegen der Dritten Welt vertreten sollte nach dem Motto »Uns gibt's auch noch!« Außer diesen beiden Sondergruppen spielte ein sogenannter »Irrläufer« eine besondere Rolle, der - bekleidet mit einem Schutzanzug und einer Gasmaske - einen Atommüllkoffer durch die »Länder« zu tragen hatte mit dem Ziel, diesen bei einer »Nation« abzusetzen.

Das Spiel selbst war in fünf Phasen eingeteilt: 1. nationale Identitätsfindung, 2. Formulierung einer Botschaft an »Deutschland«, 3. diplomatische Verhandlungen, 4. Vorbereitung der »Europaratssitzung« und 5. »Europaratssitzung«.

Zu Beginn des Spiels, in der sogenannten Staatenbildungsphase, hatten die SpielteilnehmerInnen eine gute Stunde Zeit, sich mit dem jeweiligen Land zu beschäftigen. Von der Spielleitung war geplant, in diese Vorbereitungsphase eine erste »Störung« einzubauen, die aus einer Nachricht bestand, die per Kassette eingespielt wurde. In dieser Meldung ging es um die deutsch-deutsche Wiedervereinigung, und die anderen »Nationen« hatten nun die Aufgabe, sich hierzu in Form einer diplomatischen Note zu äußern. Die Formulierung dieser Note sollte von folgender Überlegung geleitet sein: »Was bedeutet die deutsche Vereinigung für uns als Niederländer, Franzosen, Briten, Polen?«

In der Formulierungsphase fand eine weitere »Störung« in Form einer Nachrichteneinspielung statt, in der es um ausländerfeindliche Sprühaktionen in Deutschland ging. Ziel dieser Störung war es, nachhaltig den Formulierungsprozeß einer eventuell positiv formulierten Botschaft an Deutschland zu beeinflussen.

Beeindruckend war hierbei die Reaktion einiger türkischer Jugendlicher, die zur Spielergruppe der »deutschen Nation« gehörten: Sie waren von der Meldung über Sprühaktionen so verunsichert, daß sie unter Protest den Raum verlassen wollten, und somit zeigten, zwischen Spielsituation und Realität nicht mehr unterscheiden zu können.

In einem Gespräch klärten wir die Situation auf und ermutigten sie, in der Auswertungsphase ihre Gefühle und Gedanken zur Sprache zu bringen.

Die »Nationen« hatten in der nun folgenden »Diplomatiephase« die Aufgabe, ihre Noten mittels Delegation zweier Botschafter Deutschland zu überbringen und gleichzeitig die anderen Nationen hierüber zu informieren. Hauptaktionsakt in dieser Spielphase war »Deutschland«.

Wieder gab es eine von der Spielleitung geplante Störaktion in Form von etappenweise auftretenden Asylantengruppen, die die nach Deutschland einreisenden Diplomaten in ihren Aktionen behinderten. Zwecks Zuspitzung dieser Spielsituation hatten wir für jeden »Staatsbürger« nur einen Stuhl vorgesehen, so daß die »Asylantengruppe« – mehr oder weniger isoliert – auf »deutschem Boden« stehen mußte und nun versuchte, hier einen Platz zu finden. Diese Suchaktion wurde entsprechend eindrucksvoll gestaltet.

Durch das penetrante Verhalten dieser Sondergruppe verärgert, erwog »Deutschland«, einen Teil der Störergruppe auszuweisen und nur einen Rest im Land zu belassen, der dann auch noch beschuldigt wurde, »Stühle geklaut zu haben«. Während der ganzen Zeit agierte auch der »Irrläufer«, der sein Atommüllpaket irgendwo loswerden wollte.

Die Spielleitung griff mit einer erneuten Störaktion in das »Zusammenleben der Nationen« ein, die während der »Diplomatiephase« eine gewisse Leerlaufzeit hatten: Zwei Nationen sollten ein Fußball-Länderspiel austragen und sich auf eine zu erwartende Hooligan-Gruppe vorbereiten, die mächtig Randale veranstaltete.

Im Anschluß an die »Diplomatiephase« sollte die »Europaratssitzung« vorbereitet werden, zu der alle »Nationen« ein Statement abzugeben hatten, für die es Leitfäden gab, bestehend aus Halbsätzen wie zum Beispiel »Wir wünschen für Deutschland«, »Wir hoffen (befürchten) für unser Land«, »Außerdem möchten wir sagen...«

Hier trat noch einmal die Sondergruppe der »Anwälte« auf, die die Belange der Dritten Welt nachhaltig verbalisieren sollte.

Die »Europaratssitzung« begann unter den Klängen der Hymnenmixtur aller beteiligten Nationen mit dem Einzug der Länder mit ihren Nationalfahnen in den Plenumssaal. Während die Landesvertreter nun ihre Statements abgaben, erfolgte ein Demonstrationszug der Asylantengruppe durch das Parlamentsgebäude, mit dem sie auf ihre besondere Situation aufmerksam machte. Die Identifikation mit der eigenen »Nation« war inzwischen so weit fortgeschritten, daß die Spielteilnehmer ihrem jeweiligen Sprecher zujubelten.

Nach Beendigung der »Europarratssitzung« folgte die Auswertungsphase, in der unter anderem die schon erwähnten türkischen Jugendlichen zu Wort kamen.

Wichtig für einen dynamischen Spielverlauf war der Einsatz der »Landeskundigen«, da sie für eine überzeugende Identifikation bei den Spielteilnehmern sorgten. Außerdem erweiterten wir die Spielleitung um eine Anzahl von Boten, die für die Kommunikation zwischen Spielleitung und den einzelnen »Nationen« zuständig waren. Auch gab es für die Sondergruppen Betreuer, die ihnen Einsatzort und -zeit signalisierten, sowie Protokollanten und Boten für die Störaktionen. Hauptregel während des gesamten Spielverlaufs war: Sollte eine Aktion stattfinden, mußte diese voher der Spielleitung mitgeteilt werden.

Wie wichtig die Erkennbarkeit der Spielleitung bei Eingriffen in den Spielfluß und -verlauf war, zeigte sich in der »Diplomatiephase« deutlich. Hier hatten wir eingegriffen, um Zeit zu sparen für die Vorbereitung der »Europaratssitzung«, und »Deutschland veranlaßt, den polnischen Botschafter in sein Land zurückzuschicken«. Dieser sah das nicht als Aufforderung durch die Spielleitung an, sondern interpretierte es als Ausweisung »Deutschlands«. Die Nachricht hiervon führte bei den anderen Nationen zu einer Solidarisierungswelle mit Polen und einer konfliktbereiten Grundstimmung gegenüber »Deutschland«.

In der Auswertungsphase griffen wir dieses Mißverständnis auf, um daran deutlich zu machen, wie leicht es durch diplomatische Mißverständnisse zu Konfliktsituationen kommen kann.

In unserem Spiel ging es darum, das Thema »Wer sind wir wieder?« im Sinne einer Identitätsfindung nicht nur auf der kognitiven Ebene zu bearbeiten. Vielmehr sollte auch die affektive Dimension angesprochen werden, was uns gelang, wie der Spielverlauf zeigte. Da die Jugendlichen in die Rolle eines Bürgers einer anderen Nation schlüpfen mußten, konnten sie sich der Frage nach ihrer eigenen Identität von einer ganz neuen Seite her nähern. Gerade die Vorbehalte anderer Nationen gegenüber der Vereinigung Deutschlands machte den Jugendlichen bewußt, daß wir uns nur noch in einem gemeinsamen Europa als Deutsche definieren können und darüber hinaus im Kontext einer weltweiten Verantwortung. Damit ist, so glauben wir, der Ausgangssatz »Wir sind wieder wer« im Sinne einer nationalen Überheblichkeit zur offenen Frage geworden, bei deren Beantwortung christliche Werte wie Gastfreundschaft, Gerechtigkeit, Barmherzigkeit und Teilen eine außerordentlich wichtige Rolle spielen.

Die Spielidee inklusive aller Bezugsquellen ist im Evangelischen Jugendreferat des Kirchenkreises Moers, Seminarstr. 8, 4130 Moers 1, Telefon (02841) 100 68, abrufbar. Eine Anmerkung zur TeilnehmerInnenzahl: Es müssen mindestens 80 Personen plus Spielleitung mitmachen. Mit 150 Personen, wie bei unserem Spiel, ist die obere Maximalzahl erreicht.

Sven Brux

St. Pauli-Fans gegen rechts!

Erfahrungen einer Fan-Bewegung

Bedingt dadurch, diesen Beitrag schreiben zu müssen, sitze ich nun hier in unserem Fan-Laden, die vergangenen dreieinhalb Jahre vor meinem geistigen Auge noch mal Revue passieren lassend. Ist schon erstaunlich, was sich in dieser Zeit getan hat...

Doch beginnen wir in grauer Vorzeit, Ende der siebziger, Anfang der achtziger Jahre. Damals gab es in Hamburg an »großem Fußball« nur den HSV. Auch viele der heutigen St. Pauli-Fans zählten sich zu dessen Anhängern. Zumindest, bis diese ganze Skinhead-Welle populär wurde und in den Stadien Präsenz zeigte. Michael Kühnens »Rundbrief an die Bewegung«, welcher dazu aufrief, verstärkt in den Stadien zu rekrutieren, verschärfte die Situation, und rechte Parolen wurden hoffähig. Für nicht wenige war dies das Signal, dem HSV den Rücken zuzukehren. Man ging entweder gar nicht mehr zum Fußball oder – und das wurde in den nächsten Jahren immer stärker – zum FC St. Pauli. So entstand am Millerntor in den späten achtziger Jahren eine größere Gruppe, die man getrost dem links/alternativen/autonomen Spektrum zuordnen könnte. Das Ganze war aber immer noch nicht organisiert.

Als der Verein im Frühjahr 1989 in Zusammenarbeit mit kanadischen Investoren einen High-Tech-Stadionneubau plante, war der Zeitpunkt gekommen, sich zusammenzuschließen, um diesen Unfug zu verhindern, welches auch hervorragend gelang. Die Reste der damaligen Bürgerinitiative waren nun »eingearbeitet« und beschlossen, auch angesichts der Ignoranz der Stadionzeitung gegenüber Fan-Themen, eine eigene Fan-Zeitung zu gründen: Der »MILLERNTOR ROAR! (MR!)« war geboren und erschien zum Saisonauftakt 1989/90 bereits in einer beachtlichen 1000er Auflage. Die Zielsetzung war klar: Deutlich und unzensiert Position beziehen, bei fußballspezifischen wie bei politischen Themen. Das Projekt wuchs unaufhörlich, und die Nr. 3 hatte bereits eine Auflage von 3 000 Exemplaren (heute 3 600).

Daß es auch bei uns Idioten gibt, wurde beim Spiel gegen Nürnberg deutlich, als der schwarze Spieler Sane mit den uns leidlich bekannten Urwaldgeräuschen bedacht wurde. Zeit für die erste Aktion: Zum Spiel gegen Düsseldorf (wo damals mit Baffoe ebenfalls ein dunkelhäutiger Spieler mitwirkte) brachten wir einen Anti-Rassismus-Aufruf unter die Leute, welcher von der Redaktion, einigen Fan-Clubs sowie der gesamten Mannschaft unterzeichnet wurde. Ein gutes Presse-Echo erleichterte uns die Arbeit, und das Thema war erst mal durch.

Natürlich wurde das Erstarken des Rechtsradikalismus auch immer wieder vom »MR!« kritisch beäugt und mit Artikeln begleitet. Geschreibsel allein bringt es allerdings nicht, so daß es mehr als einmal nötig war, gewissen Leuten auch handgreiflich deutlich zu machen, daß ihr Handeln, ihre Aufnäher/Fahnen oder ihre Sprüche bei uns nicht angesagt sind. Auf unseren Druck hin untersagte die Geschäftsführung des Vereins den rund ums Stadion postierten Souvenirhändlern den Verkauf von Artikeln mit rechten Symbolen (beispielsweise Aufnäher mit Reichskriegsflaggen oder »Ich bin stolz, ein Deutscher zu sein«).

Irgendwann haben wir mit der Produktion von Aufnähern und Aufklebern »St. Pauli-Fans gegen rechts!« begonnen, was ebenfalls wie eine Bombe einschlug. Bis heute sind zirka 4 000 Aufnäher und 750 000 Aufkleber weggegangen und finden sich auf der ganzen Welt wieder, wie zahlreiche Zuschriften belegen. Mittlerweile haben wir Kontakte in ganz Europa, wovon viele auf Grund des Bekanntheitsgrades unseres antifaschistischen Handelns entstanden sind. Dies machte auch Fans anderer Clubs Mut, aufzustehen und Meinung zu bekennen: Uns sind bislang 17 von Fans anderer Vereine produzierte Aufnäher/Aufkleber mit dem »XY-Fans gegen rechts«-Symbol bekannt geworden.

Der Rückhalt in den einzelnen Szenen ist wohl meistens gering, doch ein Anfang ist gemacht, der Fußball ist nicht mehr ausschließlich rechts besetzt. Natürlich gibt es auch Gegenpositionen: Als wir uns dem bundesweiten Fan-Zeitungsverbund annäherten, mußten wir uns in Diskussionen mehr als einmal mit der Floskel auseinandersetzen: »St. Pauli-Fans sind keine Fußball-Fans, sondern Zecken, die die Politik ins Stadion tragen.« Da dies argumentativ sehr leicht zu widerlegen ist und wir auch keine Angst zu haben brauchen, uns am Tresen durch mangelndes Fußballwissen zu blamieren, konnten wir auch dort schnell Fuß fassen und dumpfe Rechtsparolen-Schreier ins Abseits stellen.

Einen kleinen Rückschlag gab es im Herbst 1991, als (kurz nach Hoyerswerda) hinter unserer Nordkurve ein türkischer Jugendlicher von mehreren Deutschen unter Nazi-Slogans zusammengeschlagen wurde. Beim nächsten Spiel gingen 200 Fans aus der Gegengerade in die eher mit jüngeren Fans besetzte Nordkurve, um die Sache klarzumachen, was auch gelang. Um dies aber nicht als eine Art »Fan-Polizei-Aktion« allein stehen zu lassen, wurden im Innenraum des Stadions drei antifaschistische Transparente herumgetragen, begleitet von einem vom Stadionsprecher verlesenen Text des Vorstands. Ferner stellte der »MR!« auf der Jahreshauptversammlung des Vereins einen Dringlichkeitsantrag, dem mit großer Mehrheit zugestimmt wurde.

Kurze Zeit später veranstaltete der Verein ein von 12000 Fans besuchtes Freundschaftsspiel gegen Galatasaray Istanbul unter dem Motto »Gegeneinander spielen – Miteinander leben!«

Dies also soll eins deutlich machen: Die Fans des FC St. Pauli sind willens und in der Lage, ihr Stadion allein »sauber« zu halten. Sie wollen aber auch, daß sich der Verein selbst in Zeiten, wo der Sport schon längst nicht mehr »rein« und frei von Politik ist, zu seiner gesellschaftspolitischen Verantwortung bekennt und klar Stellung bezieht!

Kontakt: Fan-Laden, Thadenstraße 94, 2000 Hamburg 50, Telefon (040) 438 69 61

Ural Ateser

Das Informations- und Dokumentationszentrum gegen Ausländerfeindlichkeit

Auf Ausländerfeindlichkeit kann nur entschieden reagiert werden, wenn ein gemeinsames Vorgehen von demokratischen Organisationen und Verbänden möglich ist. Deshalb sahen sich die demokratischen Jugendverbände der Bundesrepublik verpflichtet, der Ausländerfeindlichkeit ein Projekt entgegenzustellen. Sie gründeten Anfang des Jahres 1991 das Informations-, Dokumentations- und Aktionszentrum gegen Ausländerfeindlichkeit, für eine multikulturelle Zukunft - IDA. Es beteiligten sich daran die Mitglieds- und Anschlußverbände des Deutschen Bundesjugendringes, die Deutsche Sportjugend, der Ring politischer Jugend und der Verein gegen Ausländerfeindlichkeit und Rassismus »Mach meinen Kumpel nicht an!«. Nach wie vor besteht ein reger Informationsaustausch zwischen allen Beteiligten.

IDA wird teils vom Bundesministerium für Frauen und Jugend gefördert. IDA kann durch Fördermitgliedschaft oder Spenden unterstützt werden.

Die Aufgaben des IDA

Einerseits gehört es zu den Aufgaben des IDA, über Beobachtungen und Entwicklungen von Ausländerfeindlichkeit zu informieren. Andererseits zählt hierzu auch, aktuelle Themen in Broschüren zu dokumentieren. Bisher wurde ein Pressespiegel zu rassistischen Tendenzen und Fremdenangst in den neuen Bundesländern veröffentlicht. Es wurden Presseberichte zusammengestellt und mit Artikeln zu den Ursachen von Rassismus ergänzt.

Außerdem hat IDA einen Reader zur Fremdenfeindlichkeit in der Bundesrepublik herausgebracht, der Aufsätze von Fachleuten beinhaltet. Sie beleuchten Erscheinungsformen, Ursachen und Gegenstrategien von Fremdenfeindlichkeit in den alten und neuen Bundesländern.

Des weiteren ist die Broschüre »Flüchtlinge in der Bundesrepublik« erschienen, die dazu beitragen möchte, die Situation der Flüchtlinge zu verdeutlichen. Aus unterschiedlichen Blickwinkeln werden Hintergründe, Fakten und Positionen zu diesem Thema vorgestellt und durch Beiträge von Jugendverbänden, Initiativen und Parteien ergänzt.

IDA vertreibt Aktionsmaterialien wie zum Beispiel Plakate und Aufkleber mit dem Schriftzug »United Cultures of Germany«.

Die Dienstleistungen des IDA

Bei der Planung und Durchführung von Veranstaltungen gegen Ausländerfeindlichkeit kann IDA mit seinen Dienstleistungen helfen. So verfügt das Zentrum beispielsweise über eine Datei von Wissenschaftlern und Praktikern aus der Jugendarbeit, die zu den Arbeitsschwerpunkten Rassismus, Asyl, Rechtsextremismus und multikulturelle Gesellschaft referieren.

Unsere Künstlerdatei bauen wir zur Zeit stark aus. Kontaktadressen zu KünstlerInnen, MusikerInnen und Kabarettisten haben wir aufgelistet. Sie werden auf Nachfrage gern weitergegeben.

Veranstalter, die zur Ergänzung eines Seminares oder einer Veranstaltung Videos, Filme oder Ausstellungen benötigen, können bei IDA Kontaktadressen erhalten. Das Dienstleistungsangebot kann von allen wahrgenommen werden und ist kostenlos.

Darüber hinaus verfügt IDA über eine Adressendatei mit vielen Kontakten zu Organisationen, Initiativen, Ämtern, Ausländerbeauftragten und wissenschaftlichen Institutionen, die erfragt werden können.

Ist bei der Planung und Durchführung einer Veranstaltung Unterstützung notwendig, kann jeder sich an IDA wenden.

Die Arbeit von IDA kann wirkungsvoll von Gruppen und Einzelpersonen unterstützt werden, die sich aktiv gegen Ausländerfeindlichkeit, Rassismus, Rechtsextremismus und für eine multikulturelle Gesellschaft engagieren.

Helft uns, die Vernetzung inhaltlicher und praktischer Arbeit der Initiative gegen Ausländerfeindlichkeit aufzubauen. Wichtig in unserer gemeinsamen Arbeit ist, Informationen und Erfahrungen, aber auch Materialien wie Referate und Veröffentlichungen auszutauschen. In dieser Beziehung ist vieles bereits geleistet worden. Jedoch fehlt eine Koordination, um sie allen Institutionen und Initiativen zugänglich zu machen. Deshalb laßt uns gemeinsam die Arbeit gegen Fremdenfeindlichkeit koordinieren und vernetzen.

Kontakt: Informations-, Dokumentations- und Aktionszentrum gegen Ausländerfeindlichkeit, für eine multikulturelle Zukunft - IDA e.V., Charlottenstraße 55, 4000 Düsseldorf 1

Herbert Weber/Reinhard Hahn

Aktion »Courage«

Es ist Zeit, Mut zu zeigen, Toleranz zu beweisen, gegen Gewalt und Rassismus einzuschreiten. Allerorts ist zu hören, daß wir ein couragiertes Verhalten in unserem Lebensalltag brauchen, sei es bei Gewalt gegenüber Menschen anderer Hautfarbe oder Herkunft sowie gegenüber Andersdenkenden, aber auch bei den alltäglichen Pöbeleien und verbalen Drohungen, die derzeit das Klima in dieser Gesellschaft kennzeichnen.

Im Brockhaus wird der Begriff »Zivilcourage« definiert als »Mut, sich im bürgerlichen Leben für die eigene Überzeugung einzusetzen«, angesichts der heutigen Situation sicherlich eine etwas dürftige Beschreibung. Denn es handelt sich eben nicht um eine x-beliebige wie auch immer geartete Überzeugung, sondern das Streiten für eine zivile Gesellschaft. Grundlage einer jeden zivilen Gesellschaft ist eben der gesellschaftliche Grundkonsens, wie er in Artikel 1 der Verfassung zum Ausdruck kommt: »Die Würde des Menschen ist unantastbar. Sie zu schützen ist Verpflichtung aller staatlichen Gewalt.« Das heißt in diesem Fall, daß die Rolle und Funktion des Staates eben nicht nur auf seine Struktur und Institutionen reduziert werden darf; vielmehr kommt es darauf an, daß die Menschen, die in diesem Staat leben, sich ebenfalls für den gesellschaftlichen Grundkonsens verantwortlich fühlen, mit dem was sie tun oder auch nicht tun.

Courage zeigen heißt mehr als das bloße Sichtbarmachen des persönlichen Bekenntnisses gegen Gewalt und Rassismus. Vielmehr geht es darum, dem Bewußtsein und sicherlich vielfältigen Handeln einer breiten Bewegung auch im Sinne eines Kristallisierungspunktes einen entsprechenden Ausdruck zu geben. Damit soll zugleich den sich teilweise verbreitenden Ohnmachtsgefühlen, aber auch irrationalen Reaktionen eine

Aktionsform angeboten werden, die einer Auseinandersetzung mit demokratischen und friedlichen Mitteln entspricht.

Es geht darum, das Symbol »Courage«, in welcher Form auch immer, ob als Tuch, Button, Stirnband oder Schmuckstück, zu tragen und damit die persönliche Zivilcourage des Trägers kundzutun. Auf indirektem Wege können damit andere Menschen zum Nachdenken angeregt werden. Es wird jedoch auch direkt gegenüber Gleichgesinnten angezeigt, daß man/frau nicht allein dasteht, wenn in konkreten verbalen oder aber auch tätlichen Konfliktsituationen Handeln gefordert ist.

Die Aktion »Courage« wurde von der IG Metall-Jugend Sachsen initiiert und nunmehr vom Forum Buntes Deutschland - SOS Rassismus aufgegriffen. »Wir wollen den Dialog mit allen Jugendlichen und zwischen allen Jugendlichen. Ein Mittel dafür ist unsere Aktion »Courage« - Nein zu Gewalt und Ausländerfeindlichkeit - Ja zu Toleranz und gleichberechtigtem Zusammenleben«, heißt es in einer Erklärung der knapp zwanzig Erstunterzeichner von Jugendverbänden und -organisatoren Sachsens. Angesichts der besonderen Probleme, aber auch des sich offen artikulierenden Rassismus vieler junger Menschen im Osten der Republik ist dies eine ernstzunehmende Herausforderung, aber zugleich auch ein ermutigendes Zeichen.

Sticker zum Preis von DM 0,50 und 1,00 DM können bestellt werden bei:

Herbert Weber
IG Metall, Bezirksleitung Dresden
Ritzenbergstraße 14, O-8012 Dresden
Telefon 4 85 32 11

Forum Buntes Deutschland - SOS Rassismus
Stralsunder Weg 50, 5300 Bonn 1
Telefon (02 28) 66 44 42

Ralf-Erik Posselt
Arbeitsgruppe SOS-Rassismus
Haus Villigst, 5840 Schwerte 5
Telefon (0 23 04) 75 51 90

Über die Autorinnen und Autoren

Ural Ateser ist Geschäftsführer von IDA e.V. in Düsseldorf.

Sven Brux ist Fan-Beauftragter des FC St. Pauli und Redaktionsmitglied des »Millerntor Roar«.

Reinhard Hahn ist Gewerkschaftssekretär beim Vorstand der IG Metall, Abteilung Jugend in Frankfurt.

Josef Held ist Mitarbeiter der Tübinger Jugendforschungsstelle.

Judy Korn ist Jugendarbeiterin und Vorsitzende des Vereins »Initiative für ein friedliches Miteinander« in Berlin.

Thomas Krüger ist Senator für Jugend und Familie in Berlin.

Athanasios Marvakis ist Mitarbeiter der Tübinger Jugendforschungsstelle.

Peter Mücke ist Dozent an der Fachhochschule für Sozialarbeit und Sozialpädagogik in Berlin.

Ralf-Erik Posselt ist Jugendreferent bei der Evangelischen Kirche Westfalen.

Adelheid Schmitz ist Mitarbeiterin der Arbeitsstelle Neonazismus an der Fachhochschule Düsseldorf.

Wilfried Schubarth ist wissenschaftlicher Mitarbeiter am Deutschen Jugendinstitut München, Außenstelle Leipzig.

Martin Stadelmaier ist Referent in der Staatskanzlei der Landesregierung Rheinland-Pfalz.

Herbert Weber ist Gewerkschaftssekretär in der Bezirksleitung der IG Metall Dresden.

Anja Weusthoff ist Mitarbeiterin im Bundessekretariat der Jusos in der SPD, Bonn.

Rainer Zeimentz ist Mitarbeiter beim Parteivorstand der SPD in Bonn.

L. Zemke ist Referent beim Synodalen Jugendreferrat des Kirchenkreises Moers.

Über die Redaktion

Um den Diskurs zu Fragen des Rechtsextremismus, der Erinnerungsarbeit, des Rassismus, des Asylrechts, des interkulturellen Umbaus der Gesellschaft in einem breiten Rahmen führen zu können, wurde von den ehemaligen Mitgliedern des bundesweiten Arbeitsausschusses gegen Rassismus das Zeitungsprojekt »IDEEN für antirassistische und antifaschistische Arbeit« Mitte 1990 initiiert und zunächst in Eigenregie herausgegeben. Seit Mitte 1992 wird IDEEN nunmehr als Zeitschrift beim Lamuv Verlag in Taschenbuchformat herausgebracht.

Bisher schrieben unter anderem folgende Autoren in IDEEN: Graeme Atkinson, Karin Benz-Overhage, Günther Burckhardt, Hajo Funke, Wolfgang Grenz, Gerd Koenen, Marianne Regensburger, Horst Eberhard Richter, Claudia Roth, Richard Stöß.

Die Bearbeitung der jeweiligen Schwerpunkte und Hefte wird von den Mitgliedern der Redaktion eigenverantwortlich wahrgenommen. Dabei steht vor allem im Vordergrund, den Diskurs zu theoretischen Ansätzen und Perspektiven, aber auch konkrete Lösungsmöglichkeiten und den praktischen Umgang mit der Problematik voranzubringen.

IDEEN versteht sich als ein offenes Projekt, bei dem für Interessierte die Möglichkeit zur Mitarbeit gegeben ist. Zudem wird einmal im Jahr ein Forum von der Redaktion veranstaltet, um sich dem Dialog mit Wissenschaftlern, Praktikern, Gewerkschaften, Kirchen, Initiativen und so weiter zu stellen.

Die Anschrift der Redaktion lautet:
IDEEN, Postfach 10 15 30
6050 Offenbach
Telefon: 0 69/83 24 35
Telefax: 0 69/83 24 35